【全新修訂版】

堅持

劉民和牧師的生命與事奉

劉民和
莫少珍 合著

專文推薦

以神為本、以愛為本的堅持

蔡佩真

人們所堅持的事終將成為靈魂的骨幹，具有滴水穿石的力量。那個堅持，可能是親情、理想、核心價值、信仰。就像劉牧師這本書裡的人物，無論是母親的堅持、陳保羅牧師的堅持、劉牧師和師母的堅持，那些「堅持」在他們的時代都受到烈火的試驗，苦難是烈火的窯，苦難是「堅持」的試金石，只有在每一次的危機考驗中，必須做出判斷和選擇時，才能試驗出一個人的品格，以及他究竟看重什麼。

「每個人的堅持，最終決定了會成為怎樣的人。我終其一生堅持福音戒毒的精義是救靈魂，落實福音戒毒的精神是基督的愛。」劉民和牧師浪子回頭之後的四十幾年，忠誠地將自己埋身於晨曦會「福音戒毒」，牢牢地守住福音戒毒的核心價值，他的心裡有一個不能震動的國。他守住了什麼？什麼是他生命中那不能震動的？我覺得是：以神為本、以愛為本。

首先是，以神為本，劉牧師的生命是以主為中心，與主緊緊同行，時時依靠主、尋求主、順服主、忠心於主，聖經怎麼寫，他就怎麼行，上主是他靈魂的錨、靈魂的骨幹，是他唯一的座標軸，因此，在劉牧師的服事裡不會有創新花俏的方法和策略，不強調人的方法和聰明才智，永遠只有土法煉鋼的單純禱告，凡事禱告，凡事讓主來帶領。

「神使用愚拙的人」，晨曦會大量地使用戒毒過來人，沒有學歷、沒有證照、沒有社會歷練，只要願意單純而忠心依靠主，真心誠意的生命陪伴和禱告，福音戒毒竟然就幫助了那麼多人完全脫離毒癮，並且脫胎換骨地更新了生命。以神為本，因為福音戒毒的工人是世人看為愚拙的，福音戒毒的成果就不是出於人的成就，晨曦會不論是台灣或英國、美國、加拿大、泰國、緬甸、中國，發展至今卓然有成，劉牧師不敢居功，他知道成就這一切的，是主，讓他能堅持下來的，是主。沒有了這個根基，福音戒毒就失了味、失了魂、失了骨幹。

其次是，以愛為本，愛是劉牧師一生的堅持，無論是對於藥癮者、家屬、同工，「有一種愛，像那夏蟲永長鳴，春蠶吐絲吐不盡，有一個聲音，催促我要勇敢前行，聖靈在前引導我的心。」這首詩歌《宣教的中國》是劉牧師常吟唱的，是他心境的寫照，他對於吸毒者的愛常常是細心料理他們的需要，不顧自己的疲累。

這本書裡面多處寫到戒癮者因為毒癮的痛苦以及內心觀念與性情受到扭曲，而造成牧養過程中的挑戰，羊群會猜忌、誤會、攻擊牧者，可是劉牧師對於這許多被認為「難搞」的羊群總是付出最多的愛與耐心，他的工作是沒有界線的，隨時在接藥癮者的電話，無論是白天或黑夜，或是正在一個服事的行程中，他盡力地跟弟兄在一起，沒有自己。

對一般專業的輔導者而言，輔導關係沒設界線是非常危險的事，非常容易導致耗竭。可是，對吸毒者的愛成為劉牧師生命中強大的推進器，至今四十幾年，愛更火熱，愛更急切，對神對人的愛也讓劉牧師的生命力暢旺，雖然身體會疲累，但總是保有一個活潑、充滿活力、持續在加速、喜樂而滿足的靈魂。這讓我想到他像是葡萄樹的枝子，牢牢地連接於葡萄樹，他源源不絕的愛的能力是來自造天地的主。

的確，我觀察到這幾年劉牧師有一種急切感，而且這種急切感越來越強烈，這也是這本書出版的原因，他既有迦勒持續戰鬥的心志，也像摩西對百姓呼天喚地的叮嚀。福音戒毒的「堅持」是傳承下來的，陳保羅牧師對以「福音」戒毒的堅持，傳給了劉牧師，母親對信心禱告的堅持傳給劉牧師，而劉牧師也希望把這份事奉上的堅持傳給大家。

我被主呼召投身福音戒毒的時刻，是在民國七十八年十一月底造訪晨曦島時，那種感動不是衝動，是一條無形的線牽引著我，一路走到如今，我還是在此繼續回應主當年的邀請，而且越來越濃、越來越厚。所以拜讀這本書時，我是懂的，回應呼召會帶來意想不到的人生旅程，高山低谷看似顛簸辛苦，但是生命與主緊密相連已是滿足，這也是我自己該堅持的。

您呢？生命中是否也有屬於您的呼召，是否也有一些珍貴的事物是值得您付上代價去堅持的？要在好事上為主堅持，千萬不要遺忘了那些從主而來的感動，祝福您在閱讀本書時有美好的啟發。

（本文作者為暨南大學社會政策與社會工作學系教授、系主任，晨曦會董事）

專文推薦

他成了一台戲——堅持的背後

林意玲

一般人寫書序，都讚美作者文筆好或多生動，但我在閱讀這本書時，眼前浮現的，卻是書中主角傳奇、敬虔、堅持的身影，劉民和牧師服事戒毒者的人生本身就是一本好書。是用他的行為寫成的；在千萬個日子的席不暇暖與堅持寫成的，正彷彿是使徒保羅說的：「因為我們成了一台戲，給世人和天使觀看。」（哥林多前書4章9節）成為戲景，是代表人的一生磊落、坦蕩，無可責之處，也意味著他矢志效忠，向著標竿直跑，以他的生命影響著生命。

這不是一條容易的路，從自己吸毒到戒毒，從輔導戒毒者到領導晨曦會這個戒毒組織，並在全世界開枝散葉，而他本人一逕簡樸、容顏和煦、堅持受召目標、信仰絕不妥協。這是我對劉牧師四十五年的觀察。

的確，寫書序，不能不寫這個主人翁——劉民和牧師，因為書中縱然有多面向的人物敘述，也不能把劉牧師堅毅的信仰、忠心服事活生生的生命刻劃於萬一。

有這樣主角人物，再仔細閱讀故事的發展，就可以看出劉牧師一路能堅持服事的秘訣了。

一、有香港陳保羅牧師如父如兄、亦師亦友的風範引領。猶如使徒保羅帶領提摩太一般，讓劉民和牧師可以孺慕、浸潤，讓信仰美德傳承不輟。

二、有他自己過去吸毒、戒毒刻骨銘心、反覆掙扎的親身經歷。樁樁件件都血淚模糊、掏肝裂腸，叫他不忍回顧，再加上慈母殷殷尋覓、切切禱告，劉牧師痛改前非的決心才能如此堅定不移。

三、戒毒工作是一項與人性軟弱、罪惡基因對陣的慘烈戰爭。面對吸毒者狡猾的人性，撒旦的引誘攻擊，福音戒毒者可說是殫精竭慮，百戰不殆，非有高度耐心、愛心、毅力，堅持到底，不能盡功。劉牧師數十年來率領各個團隊，要面對第一線戒毒者反覆無常與身心煎熬，也要輔導吸毒過來人的同工堅定心志、注意操守自律，堅持愛心與忍耐，事奉的繁雜、艱難、挫折可以想見，凡此種種也都在書中，以一個一個故事呈現無遺。

閱讀這本書是沉重的壓力，因為屢敗屢戰的故事永無休止，福音救靈工作又不易

得到歡呼掌聲，但聖經不就是這麼勉勵嗎？「你們與罪惡相爭，還沒有抵擋到流血的地步。」（希伯來書12章4節）

祝福劉牧師率領晨曦會團隊，百戰不撓、百戰功成，也祝福這本書感動有心人投入服事；更能激勵同工繼續奔跑當跑之路，並持續溫暖每一位在晨曦會長期獻身的同工。

（本文作者為台灣醒報社長）

專文推薦

為何能「堅持」？

陳偉仁

◆母親對吸毒孩子的愛，為何能堅持？

做教會傳道人的媽媽跪在兒子面前，懇求說：「孩子……媽媽求求你，不要再吸了吧！你知不知道，你一人吸毒，不但全家受累，也跟著受害呀！」這兒子只是扶起媽媽，說：「對不起，媽，我也不知道該怎麼辦……」然後就跑掉……過不久，又去吸毒了。

這樣的兒子，值得他媽媽再愛下去？或許會愛下去，因為他們是母子關係，但這樣的愛必會隨著心中的苦、淚、傷、痛、難、時間，而越來越淡、越來越冷，並失去希望。不過，書中這媽媽對兒子的愛，沒有變淡變冷，而是在更多的禱告中，經由生命之神的愛與救贖福音的盼望，更加「堅持」愛他的兒子，因為這媽媽知道，她的神一樣在愛她的兒子。

所以，當這兒子在黑社會裡被人砍成重傷住院，他媽媽就不停地守在他的床邊為他禱告，且整整看護禱告兩天，這兒子才漸漸甦醒過來。後來，才有去香港晨曦島福音戒毒的劉民和，進而進修，按立為牧師，一九八四年到台灣宣教，設立台灣晨曦會福音戒毒機構，後來更發展為跨文化的福音戒毒宣教差會。

◆福音戒毒過來人對吸毒者的愛，為何能堅持？

當一個人因成癮像是「為吸毒而活著的死人」，對想要幫他的人，常常回應欺騙、暴力、衝突、羞辱、痛罵，或刻意找麻煩；而幫助成癮者的人，不僅不能「保持距離，以策安全」，而是「要有受苦、恆切禱告的心志，而且每天要陪、要守、要管、要教導、要鼓勵、要扶持、要引導、要輔導、要領導，進而個人更要對付自己的軟弱和自己隱而未顯的罪，需要多禱告來面對這一切」。

劉民和牧師被神改變生命之後，領受神的呼召，學習以神永不放棄的愛，來愛他的吸毒弟兄，這樣的愛，劉牧師不以為苦，因他在屬靈的使命感中，持續預備自己被神感動、激勵、引導、督促，並持續領受神所賜下的亮光、智慧及能力；所以，這極不容易的對吸毒者的愛，他已經「堅持」四十幾年了。

書中提到過來人姚鴻吉牧師、林明亮弟兄、李志偉傳道，他們三人生命被神改變的過程，還有更多沒在書中出現的過來人同工，他們都看見與經歷劉牧師對吸毒者的愛，也一起學習效法基督與領受聖召，繼續「堅持」這愛，要愛吸毒者——他們親愛的弟兄姊妹——到底。

◆非過來人在福音戒毒的團隊事奉，為何能堅持？

「有些事，必須花上許多歲月才會學會；必須專心體會才懂得其中的意義。在晨曦會工作已三十多年的我，在年深日久的重複裡，由一個不明就裡的『局外人』，在不同角度的體認、深化後，才深刻領悟到：福音戒毒是一種『心與心的關係』，是對生命的一種成全。」這是莫少珍姊妹的感動，相信也是許多與晨曦會配搭服事的非過來人的體會。

在一起與神同工的服事過程中，因為持續看見眾多過來人同工與戒毒學員的生命委身與改變見證，陸續開啟了非過來人對福音、生命及神的話語的認知及經歷（更高的視野，更深的體會，更廣的思維）。而且，上述的領悟，在福音戒毒服事的過程中，常有更新或感動，讓非過來人能持續「堅持」在福音戒毒的團隊事奉。

書中提到的申耀斌牧師，是莫姊的丈夫，從劉牧師到台灣就開始在一起配搭服事，為「福音戒毒門徒訓練中心的建造」奉獻一生，且到今天還在「堅持」中。

我，晨曦會組織發展與傳承的顧問，自己都很難相信已經在福音戒毒裡配搭服事超過十一年。我為何能「堅持」到如今？當你讀完這本書，就知道了。

（本文作者為心又新關懷協會理事長、晨曦會組織管理顧問）

Content

PART.1

信心

每一件大大小小的事或是突發的事，都撞得我傷痕累累、措手不及；可是，幸好認識了主耶穌基督，祂使我有盼望，也同時看見人活著的價值。因為有神，因為神賜給我的愛，我能夠勝過一切困難，我的心終有所依。

「不論信心是什麼，給了什麼樣的答案，或是給哪一個人，每一個答案都將無限的意義給了有限的人，而且是苦難、匱乏、死亡不能摧毀的意義。」這是托爾斯泰說的。只要人有信心，新的事物就會來臨。

PART.2

聖召

1 踏著福音戒毒的腳蹤 074

劉牧師說：「在吸毒未信主時，你跟我經歷的都是失敗的人生，但是如今能在基督耶穌裡，靠著祂的寶血得以重生，使我們能夠因著神的愛忘記背後的失敗，努力面前向著標竿直跑，實在是好得無比。」

2 遵行神的呼召，擁有真正的自己 112

神是信實的，當我們回應祂的呼召，祂也要我們信實如祂，要我們與祂的性情有分，活出耶穌基督的樣式。因此，一個「願意」跟從神呼召的人，一定可以成為被神建造的樣式，也會成為將來要完成的樣式。

簡而說之

三十多年前的一天，閒談中劉牧師說：「在神的救贖、呼召與事奉中，不同年齡的自己、不同階段的體悟，有些故事與經歷也許能讓人聽了很受感動；但是我多麼希望我不僅僅是個說故事的人，而是能讓人定睛於神在我生命中的預備、揀選與作為，是從信仰中看到我的生命成長。信仰，無論我處在何事、何地，都是我人生的主心骨。」

聽後，我腦海裡有了想像。

那原是人生故事的見證，以三個主題展現，且以「對」、「應」方式書寫；換言之，整本書是兩支筆，一種情。

第一部：信心。劉牧師的年輕，是母親主裡愛的信心，因而挽回了放浪形骸的他，使他也因著主所賜的信，無論在人生的任何階段都能堅定往前。

第二部：聖召。兩位戒毒弟兄因為劉牧師以基督信仰的生命見證，觸動了他們認識神的初心，使他們願意同在信仰裡投入永恆的事奉，全然獻上。劉牧師亦回溯自己與陳保羅牧師師徒的情深意重，傳承了福音戒毒的精義與精神。

第三部：事奉。與牧師竭力共事了三十多年的我，聽其言，觀其行，寫下他在基督裡為戒毒者、戒毒者家屬、主裡弟兄姊妹靈魂得生命的盡心盡力；而牧師也回應在事奉中的種種歷練與體悟，如何堅持在福音戒毒的核心價值裡。

全書以事實的呈現存在。雖然抒寫過程中沒有首尾啣接的時序，也會有主觀的選擇、敘述與解釋，但我以情愫寫下熟悉的人、牧師以感恩寫下主裡的人生情態，在這交涵的三部曲中，衷心期盼：榮耀歸主名。

莫少珍

第一部

信心

1 不要怕，只要信

莫少珍

晨起，平靜無風。

與瑪麗相約在香港將軍澳社區裡見面。坐在行人座椅上，環顧四周，透明的藍天，白雲正悠悠地流動；來來往往的人，穿著素樸，各自走向自己的方向。一棟棟高樓聳立，住著的大都是從調景嶺遷徙過來的居民；老一輩因著戰亂的動盪、新一代因著天真的開闊共同形成這裡的人文風景。

知道我遠從台灣來是為了寫劉牧師年少的故事，瑪麗親切的問候，使我倆的對談自在無比。或許是因為我和瑪麗同對劉牧師的熟絡，除去了疏離感，一見面就能敞著心透明透亮地真情以對。

談起二哥——劉民和牧師，嬌小的瑪麗總有萬千情緒，年輕時的記憶縱然已過了

三、四十年，可是片片斷斷的往事，對她就如水面的倒影，至今仍然清晰可見，仍然深刻地繫念在心。

話題從三年級懂事說起。那時，家中生活非常清苦，必須倚靠媽媽做女紅、爸爸作畫賣錢來維持一家生計。

正因為家中的需要，年紀尚小的瑪麗，只要一到星期六放假日，便陪著爸爸坐在飯桌旁「作畫」，幫爸爸的忙，也是幫家裡的忙，從清晨到夜晚。

每一次，爸爸在飯桌上攤開絹素紙勾勒圖貌，瑪麗就將畫中所有景物著上繽紛的顏色。上色時，爸爸會教她如何用筆、如何分色、如何感受圖彩共陳的美，又該如何瞭解繪畫的無限空間。她雖然按著爸爸教的一筆一畫，不明所以，但卻告訴自己一定要認真上色。

家中六個孩子裡，只有瑪麗喜歡在爸爸身邊打轉，也總纏著爸爸說故事給她聽。每回聽爸爸說古時，總覺得爸爸像是一道汩汩流動的山泉，緩緩地、雋永地將他的思想、才情流入她的生命裡。無論是古聖先賢的禮數、唐詩、三國演義，爸爸都能如數家珍地述說不盡，言之鑿鑿，既輝煌了瑪麗的思想，也豐富了她的學識，「直到現在我都還能背上幾首唐詩，說上一段秦漢唐史呢！」瑪麗臉上顯出一絲得意。

至於爸爸的畫，濃墨淡染之間，別是一番情意。每一幅畫裡，無論是水色山光、鳥飛兔走，或是人物景象，全呈現出多樣的時代風華，瑪麗雖然不懂，但真覺得好看。

爸爸從小熱愛的繪畫，是他僅有之技，也是他唯一能養家餬口的本領；這些畫一旦完成，就會由教會的宣教士幫忙轉賣到北歐挪威，藉以貼補家用。

失意的爸爸

爸爸祖籍湖南衡陽，在當地是有名望的地主。十八歲娶了媽媽，原想從此安定營生、安富尊榮，然而世事無常，沒過幾年國共內戰發生，戰事逕由黃河流域蔓延到華中一帶，使得百姓如驚弓之鳥，個個人心惶惶。

一天，不知從何處闖來一群兵丁，端著槍在爸爸的家鄉橫行霸道，吆喝著要清算地主，家族中許多親人如俎上之肉被打翻死去，爸爸的生命也危在旦夕。

「我們必須逃離此地。」爸爸語重心長地跟媽媽說。

「能去哪？」

劉牧師的父母與大哥。劉牧師的母親（右二）對他一生影響極大。

「很多朋友都去了香港，我們也去那裡。」爸爸似乎早有定見。

打點好行李，爸爸帶著媽媽和已七歲大的大哥夙夜南逃。他們換了一趟趟火車，先到廣州，再由廣州盡千鈞之力轉往到了香港。因為事出倉促，又因為沿途大把路費的需要，身上已無分文的爸爸，來到香港，幾無立錐之地，吃穿無著。

在舉目無親、生計艱難且語言不通的香港，茫然無措的爸爸，為了安定妻兒，讓媽媽和大哥能有地方住、能夠溫飽，不得不淪住在調景嶺，接受一天兩餐的免費飯食。就那一刻，一九四九年，是爸媽人生的分水嶺。

調景嶺，是爸爸在當時唯一的生機，也是僅存的抉擇。在那兵荒馬亂、飢餓中掙扎的時刻，惟有找到一個吃了上餐不用惦記下一頓的棲身之處，才是大福。

於是，由一個個小丘簇擁而成的調景嶺，便是瑪麗和二哥、三姐、四哥及六弟出生的地方，也是許多大陸人逃亡來此的難民社區。在那裡，環山野嶺盡是一間間長闊八尺大的木屋，依山佇立。大家循著相同的空間、相同的木頂土牆，列屋而居；就連對門，也僅是一個箭步寬的爛泥走道，彷彿大夥都同住一個家門裡，自家的窗口可以看盡另一家裡的全景。而每一家屋內的陳設都同樣簡陋：兩個房間、一間客廳，靠著走道是搭著的廚房，煮東西、放雜物全在那兒。

窮、亂是整個調景嶺初期的生存景象。在近一萬人的居處中，不但人口複雜，幫派打架、鬧事也稀鬆平常，就連水裡被下毒的事也曾經發生；又因為「政治」問題，調景嶺成了世間一切惡與不正的是非之地。住在那裡，天天提心吊膽而產生的狐疑與焦灼，一點一點地摧殘著人的身心，也同時消耗了爸爸的志氣！

「爸爸時常一個人站在門前，毫無來由地凝視著遠天。一頭灰髮的他，眉間總是懸勾著一鎖心事，那是異鄉人的悲情，天涯逐客的無奈；在調景嶺，他沒有定居的感覺。」瑪麗說。

人寄天地，原本就由不得自己，在日出日落、富貴窮苦之際，就像一枚酸檸檬，苦甜兩味。

瑪麗繼續說：「過去吃喝不愁的爸爸，也是一名有望學子，不料卻落得困頓襤褸，冷暖不由人心！更不幸的是，他在勞累之下又得了肝病，逼得他無法再繼續作畫，我初三那年，爸爸就收手不再拿筆，一心在家照顧我們的作息起居。」

瑪麗眼裡滿是疼惜，她敘述在那起落懸宕的日子裡，失意的爸爸好像一匹已然羸弱的駿馬，拖著一輛載重的車子爬向山坡。雖然，他明知道過去的好日子已不會再來，可是拖著這輛車，就彷彿在趕下坡路的時候，不是馬拖著車，而是車推著馬不得不往前走，一天天、一月月、一年年。

正因為時代的悲劇消磨了爸爸的氣魄，令他終日暮氣沉沉；又因為無法負起家中生計，自慚形穢，使得爸爸的脾氣變得愈來愈壞，每一次只要他臉色一沉、眉頭一鎖，家裡的空氣就會特別緊繃，孩子們也都會跟著他的喜怒哀樂變換自己的情緒，進退以行。不過在這當中，惟有媽媽的溫柔與平靜能化解一切，也惟有媽媽是全家人的維繫。

媽媽，就如一座厚實穩固的山，守護著家人，環抱著整個家。

溫柔沉靜的媽媽

打從有記憶開始，瑪麗說她就從未聽媽媽對任何一個人說過一句重話，或是埋怨過誰；媽媽總是心平氣和地接受一切，從不怨天尤人。而她待人也永遠都是語調平靜，帶著恬柔溫和、善解人意的體貼之心。

有時，爸爸遇事生氣、厲聲相對時，媽媽都會忍耐著默默承受，絕無怨聲；最多，她聽得不耐煩時說句：「好了，好了，不要再說了。」算是表達了自己的情緒。

瑪麗回憶著：「其實，媽媽的體恤，是因為她知道爸爸在動盪混亂的戰爭背景裡，對家人有深沉的虧欠，只因爸爸無法突破現況，所以媽媽總以接受對待，畢竟許許多多的感情經過歲月的沉澱，是互相的體恤和包容，是一種屬於東方傳統的古典感情。」

瑪麗說，媽媽畢業於湖南師範學院，是個讀書人，教過三年書，在調景嶺算是高學歷的；因此，當村裡惟一一間信義會教會的宣教士路恩得，需要一位秘書幫忙翻譯書寫時，她認為媽媽是這工作最適當的人選；也就因為這份職務，媽媽開始接觸教會，接受信仰。

在調景嶺，沒有一個人不認識路恩得教士，她是挪威差派來到調景嶺的宣教士，一位愛人如己的傳道人。雖然她不太會說國語，但她卻願意為身處患難的中國人付出她的生命。每天，她一戶戶探訪、一家家傳福音，將難民營中需要的衣食向母會「挪威聖公會」呼籲，以此賙濟需要的人家，「包括我們家在內。」瑪麗說。

路教士常常這麼鼓勵人：「不要怕，只要信。神是護衛我們的神，只要我們到祂面前敬拜祂，無論任何事祂都會負責到底，因為惟有神所賜的福，才能使人富足。」這種生命希望的傳遞，對當時被生活壓得苦無出口、人事滄桑的人們，是一線企盼、一種振奮；更是生命動力的希望。

在這樣的渴望中，媽媽走進教會，參加主日崇拜。每一次的主日信息、主的真理安慰著媽媽的心。一段日子後，媽媽參加查經班，對神的救恩有著莫大的渴慕，因而信了主，受了洗。

在教會，媽媽認識了王媽媽（本名陳國英），她是媽媽一生中最知心的朋友，也是主裡最好的同工。她們相識五十年，總是一起服事、一起讀神學院，一起哭也一起笑。

媽媽的好朋友

王媽媽個性豪爽，面型福福泰泰的，是個直腸直性的人。只要她話匣子一開，便能說上一天半晌，一點都不嫌累，正好跟媽媽的個性成為鮮明的對比，一個靜靜地聽，一個天南地北地說，兩人倒也心靈相連。

「妳媽媽實在是個穩當、了不起的傳道人。從小在溫室長大，沒吃過苦也壞不倒。她來到調景嶺，受了這麼多折磨、生活這麼苦，卻從沒聽過她一聲唉嘆；就連妳爸爸脾氣那麼壞，也沒聽她有過一句怨言，只是鎮日做女紅、繡花養家。妳媽啊，平靜得就像一塊鐵。

「我記得剛來調景嶺的時候，大家都少吃少喝，非常苦，但妳媽媽總是把自己的午餐留下大半給妳大哥吃，說是怕他在發育中不夠營養，自己卻可以挨著餓。唉，這就是作母親的。」瑪麗轉換語調，回憶王媽媽說的話。

每隔三、五天，王媽媽總會來家裡串串門子。除了跟媽媽聊聊天，就喜歡坐下來像是說故事般，告訴瑪麗媽媽早時的一些細碎瑣事。

「幸好後來遇到路教士，看妳媽媽是個知識份子，能說能寫，人又安靜，便請她到教會擔任幹事，這才使你們家有了穩定的收入。」

的確，正因為媽媽到教會工作，才改變了家裡的生活。而且，改變的不單只是經濟，是信仰。

「妳媽媽是個讀書人，有學問底子，懂得多、學得也快，才兩年的時間，對聖經就有了很深的領受。所以路教士鼓勵她到信義神學院讀書，要我也陪著去，這一讀就是八年。

「那時啊，妳媽媽白天要陪著路教士探訪會友、在教會做行政工作，晚上去神學院讀書，每天忙得都咬牙撐著過，死活都不說一句累，主要是因為妳哥哥和妳陸陸續續來到世上，一家八口的生計全落在她肩上。」

媽媽就這樣在白天、晚上日日不懈的忙碌中度過幾十年，就在這段日子裡，我們也次第長成。

「雖然妳媽媽是個天生無怨的人，習慣把心事裝在懷裡，但自從信了主以後，我覺得她還是有很大的改變。最明顯的是她愛人的心越來越顯露出來，而她臉上也因著主的愛，多了一種安祥清明。」

王媽媽這話確實不假。媽媽姓曹，大家都叫她曹教士，信主兩年後，她就全職事奉主。她不但帶領我們全家小孩信主，也終日在調景嶺挨家挨戶傳福音，有時王媽媽也會陪著去。

傳道時，雖然有人潑水、用棍子打她，但她毫不畏懼。「不要怕，只要信」是路教士教的，也是媽媽堅定的力量。無論天冷天熱、風吹雨打太陽曬，媽媽總是不停地傳福音，幫助需要幫助的家庭，四十五年如一日。

瑪麗說：「我記得有一對雙胞胎姊妹，因為家窮，幾乎快要餓死。媽媽探訪時看見了，便告訴路教士請求支援，從此，每個禮拜媽媽就提著兩包奶粉，翻越兩座小山丘送到她們家，使兩個女孩恢復了生機。『我家兩個女孩可以說是曹教士養大的。』女孩的媽媽只要一談起孩子，總會加上這麼一句來感謝媽媽。

「又有一對雙胞女孩，同樣是家境清寒、一貧如洗，媽媽瞭解狀況後，就幫她們找個好人家收養。媽媽總是說：『我們愛，是因為神先愛我們；而我們更要毫不計較地愛人，能幫助誰、就幫助誰。』」

走入歧途的二哥

也許是因為媽媽的信仰和身教影響了孩子們，使得家中孩子個個都很獨立，功課也都不錯，從不讓爸媽操心。

雖然身處紛亂的生存環境中，但是孩子們仍然覺得溫暖。因為大家有爸爸的照顧、媽媽的慈愛，兄弟姊妹也從不吵嘴，若遇上意見不合時，大家最多不回應或使個眼神，算是表達了自己的看法。

惟有二哥，就他一個人荒腔走板地走上壞路。

瑪麗跟二哥相差七歲，他是家中最英挺的一個；個兒高，五官深。

「我七歲那年，二哥就已和學校一些不良少年混在一起，很少回家。若是回家，他也會一溜煙回到房間，不知何時又離開了家，家中所有人都很少跟他說話。就連爸爸看到他，都是瞪他一眼，或叨唸兩句；而二哥只要回家看到爸爸在，不是立即回房就是立刻轉頭離家。

「劉牧師常在台灣分享你爸爸罵他的一段話，那話是他這一生的提醒與實踐，凡是晨曦會的同工，或是教會的弟兄姊妹很多人都聽過。」我說。

「是關於他的名字吧！爸常說，『當初給你取名叫民和，是希望人民和平，年年豐收；萬萬沒有想到，你既是人不和、也無法豐收，而且是在浪費自己！一個人活著，要就能夠用人，要不就被人用；如果既不能用人，又不能被人用，就是個沒用的人。』」我隨著瑪麗的聲音一字一句應和著說。說完，我倆相視一笑，同時也覺得話中意義深。

可是叛逆的二哥，總會拿生活處境嗆爸：「這都是因為你們才讓我住在這難民窟裡，我的朋友都移民到美國了，只有我還窩在這鬼地方，志不能伸。」

不知道是不是因為少不更事的叛逆，或是輕狂不羈的個性，二哥所做的事、所說的話，總是跟我們反向；他和爸爸的關係也一直很糟，兩個人平常原本就說不上幾句話，若遇到什麼事，他們的對話也都是一句起、兩句落，如果有第三句就會僵住。尤其到了二哥走上歹路之後，他們的關係更加惡化，彷彿地底的暗泉，沈蟄著。至於我們兄妹五個，誰也不會多問一句有關二哥的事，大家都避而不談，只聽說他在學校行為不軌，不但恐嚇、勒索同學，甚而逃課、抽菸，無惡不作。

後來，又聽說他加入香港幫派，殺雞頭、拜關帝歃血為盟，混了黑社會。「我九歲那年，姊姊偷偷告訴我二哥吸上嗎啡，問題越來越嚴重，而他離我們也越來越遠——看得到，卻近不了心；又像是隔了層玻璃，可望而不可即。」

辛苦的媽媽，總以為只要把孩子們拉拔長大，便了了一樁心事，可是卻萬萬沒有想到，二哥使媽媽方寸大亂。

「雖然外表看起來媽媽一如往常，沒有怨聲哀道；可是我卻時常看見她獨自一人跪在房裡禱告，無聲地抽泣。

「我知道，面對二哥她無計可施，惟有神是她的倚靠、是她的幫助；也只有神能幫助她找回二哥。

「雖然二哥平常都是吊兒郎當的樣子，其實他是個很重感情的人。他除了偶爾跟爸爸因為一些觀念不同會有爭執外，卻從不把自己的惡事帶回家裡，他也最聽媽媽的話。只是，吸毒後的二哥，好像撲向燈火的飛蛾，總是千試萬試地回不了頭。」

我了然於心，因為常聽劉牧師提起那段荒唐的過去。

那是瑪麗初中二年級的時候，有一天二哥一進家門，便逕自走回房裡。當時瑪麗和爸爸正在客廳餐桌上畫畫，爸和二哥互不相看，完全像是陌生人，分外生遠。隔了一會，爸離開客廳時，「二哥叫我進房，要我幫他去買包菸。斜躺在床上的二哥，整個人骨瘦如柴、眼神鬼魅，看了有點怕人。當時桌上放了一些瓶瓶罐罐，我定睛看了

學生時代的劉牧師（右）。個性叛逆的他，其實很重感情。

一眼，猜想這些可能就是姐姐說的毒品用具吧！也僅有那一次，我親眼目睹二哥在家吸食毒品，但是，除了情緒有些起伏之外，我完全無能為力。

「還有一次，二哥背著爸回來跟媽要錢，可能是在外面無路可走了，不得不回來跟媽要。當下，媽媽把錢包拿出來打開，放在二哥的面前說：『你看，我哪有錢啊？家用都不夠，我哪有錢給你？』媽媽看著錢包裡僅剩的零錢，又看到二哥的狼狽模樣，忍不住哭了出來。突然，媽在二哥面前跪下說：

『孩子，你走來走去蕩了這麼多回，可全是冤枉路啊！毒品正使你走向自毀的路上，媽媽求求你，不要再吸了吧！

你知不知道你一人吸毒，不但全家受累，也跟著受害呀！』

『對不起，媽，我也不知道該怎麼辦……』二哥求諒地說，慌忙也跪下扶起媽媽，立刻匆匆離開了家。」

之後，瑪麗說：

「我有好長一段時間再也沒有看見二哥回家，二哥彷彿就這樣憑空消失了一般。」

浮沈在吸毒、戒毒間的二哥

當瑪麗再次看見二哥時，是他送進醫院急診的時候。

那天，王媽媽急沖沖地跑來家裡：

「不好了，不好了！曹教士，你家老二被人打得倒在前巷路旁！」

正坐在餐桌旁的媽媽整個人倏地彈了起來，震驚得不知所措，王媽媽不顧一切拖著媽媽就往屋外跑，正在寫功課的瑪麗，丟下筆也急忙跟上。

一到巷子口，看見倒在路旁昏迷的二哥，媽媽嚇得臉色青白地僵在那兒，忍不住失聲大哭。二哥一臉是血；眼睛被打壞了，手腕骨被打碎了，腳筋也被抽了，簡直瀕臨死亡。媽媽抱著二哥，一種撕裂肺腑的痛，如刃插心。瑪麗也忍不住蹲在二哥身旁，不知所措地痛哭。

二哥，是子女中第一個讓媽媽知道什麼是「心痛」的孩子。躺在病床上的二哥，時而清醒、時而迷糊，媽媽也就不停地守在他的床邊為他禱告。整整看護了三天，二哥才漸漸甦醒過來。

「孩子啊，你能不能不要再過這樣的生活啊？」看到二哥清醒後，媽禁不住又痛哭起來。

「我要報仇！」二哥恨恨地說，似乎一點都不覺得是因為販毒而危及生命，是因為混幫派才有這些互毆的事情發生。

「孩子，恨不能化解恨，惟有愛才能彌補恨。耶穌愛你，媽媽也愛你。」當下，二哥回了一下神，眼睛似乎一亮，像是感受到什麼似的，沒再說話。

一時間，整個病房的空氣裡有股大而薄的沉靜，像在等待什麼。

「孩子，只要即時回頭，吸毒的悲劇還不是生命的終點，你就戒了吧！媽媽求求你，不要再去吸了。你知不知道，我天天都在為你禱告，天天為了你哭痛了我的雙眼！」說完，媽用手摀著臉低泣。

二哥抬眼盯著媽媽看了許久，像是良心受到譴責，「媽，我答應你，以後不再吸了。」

媽媽的愛似乎擊毀了二哥的仇恨。

出了醫院，二哥果然接受媽媽的建議，考取台灣逢甲學院國貿系，逕自一人飄洋過海到台灣讀書。

那時，彷彿一池淺水有了幾分的溫意。「二哥，是想好起來的。」瑪麗心想。

二哥去台灣的那天，媽媽依依不捨地到機場送機，眼淚仍然不住地流，殷殷切切地叮嚀：「孩子，你出你入主耶穌都保護你、與你同在，媽媽也會天天為你禱告。」

可是好景不長，原以為新環境、新氣象，能夠帶來一點新的希望；但大家都忽略了在嶄新而又陌生的環境裡，也會有困難的時候。

在逢甲唸書時，二哥第一學期的學業成績還算不錯，可是一旦情緒稍有波動或是孤單的心靈無所依歸時，毒品便成為二哥異居他處的鄉愁解藥。

媽媽萬萬沒有想到，在台灣，二哥雖找不到嗎啡，卻有大麻、紅中、白板等迷幻藥成為代替品，而偷、搶、騙亦成為他買藥的來源手段。少不更事的他，甚至在台灣與女友同居，生了一個孩子。

國貿系讀不下去，媽媽請陸教士幫忙轉到新竹中華信義神學院讀書，沒讀幾個月二哥就回來香港，又跟道上的朋友在一起，淪回吸毒的路上，一無所成。打架滋事、吸毒戒毒，不斷地輪迴旋轉；至於媽媽，仍然每天流淚禱告，從未間斷過。這樣前後有幾近十年的時間。

二哥，真像媽媽身上的一根刺，如芒在背。

媽媽的禱告

那是一個初秋的夜晚，雲淡風清，寂靜一片。牆上掛鐘已指向十點三十分，瑪麗和爸爸坐在客廳，等著媽媽從神學院下課回來。

「媽，你回來啦！」媽一進門，瑪麗立刻上前接過媽媽的手提包放在茶几上。

「怎麼這麼晚？」爸爸看著媽說。

「我摔了一跤，坐在路邊，王太幫我按摩了一下，所以回來晚了。」媽吁了口氣。

「跌到哪裡？怎麼這麼不小心？」爸爸的目光隨即打量媽媽全身，瑪麗也一個箭步上前扶住媽媽坐下。

「只是跟王太談老二的事，談著談著不小心踩空。」

「幹什麼想他，沒出息！我們家沒有這個人。」爸爸立刻寒了張臉，冷哼一聲後彎下身看媽跌得青紫的膝蓋。

「擦傷了一點，沒關係。你就是這樣，千不好、萬不好，他總是我們的孩子，沒法推卸責任。」

「哼，一個不像兒子的兒子！」

「你呀，嘴就像一把刀，其實心裡不也惦記著他？」

「為什麼這種事偏偏發生在我們身上，即使沒有兒子也比這樣的兒子強。唉，管教兒子的失敗，也正代表自己生命的失敗。」爸爸不禁喟嘆了一口氣。

「我們盡力挽回吧！瑪麗，妳回房去睡吧，明天還要上學。」媽看著瑪麗，低聲催促道。

瑪麗點點頭回了房。

「其實我知道，媽總是藉機要跟爸談點二哥的事，就像是訴說家中其他孩子一樣，不論二哥再怎麼壞，畢竟都是身上的一塊肉。」瑪麗偏過頭看著我說。我情會意明。

那晚，躺在床上的瑪麗，心裡一陣酸澀，隱隱作痛的糾結，使她濕了眼眶。她疼惜媽媽一肩挑承的重、爸爸心中難言的痛。她亦深知兒女無論好壞，都是父母的全部。二哥的事，教會了瑪麗看明父母對兒女無怨無悔的愛。

第二天下課後，瑪麗特意轉到教會找媽。

「妳怎麼沒有直接回家？」媽狐疑地問瑪麗。

「想和妳一起回去，妳不是也要回去了？」

「再等一會。」

瑪麗坐在媽媽的辦公桌旁，看她聯絡一些會友、處理一些事，覺得媽媽特別和氣致祥。大約十五分鐘後，便挽著媽媽的手走出教會。這一刻，瑪麗感覺與媽媽的心特別貼近。

瑪麗感受著媽媽瘦弱的身軀，鳩首鶴髮，全是歲月；佝僂的背，像是被二哥這塊石頭壓得直不起腰，一身的辛苦。

「媽，教會的工作累不累？教友的問題會不會棘手？」

「不會，事奉神讓我學會隨時隨地都要仰望祂、倚靠祂；只求為主得人，絕不惡化任何一件事。」

「那，妳會不會對二哥絕望？」瑪麗和媽順著回家的路走，步行走過每天都要翻越的一個小山丘；熟悉的路，熟悉的山頭。

「不會！雖然會難過、會痛，但你二哥也是神賜給我的孩子啊！我總認為這十年他只是好像火車出軌，有一天一定會回轉的。

「其實，妳二哥那外冷內熱、好強的個性跟妳爸很像，要不是交到壞朋友，他也不會變成這樣。有時候我在想，可能是因為他小的時候，我和妳爸都忙著生活，沒有注意他，才會讓他變成這個樣子。」

媽就是這麼好，總是為人多留一分圓融溫存。

「哪，瑪麗，妳看，」媽指著山丘路上一個坑洞給瑪麗看，「昨晚我就是在這裡摔了一跤。當時我一邊跟王媽媽談話，一邊心裡向上帝禱告，一不小心踩空了一步，便摔下了，還好有王媽媽在。」

「妳為什麼走路還要禱告，明知道眼睛不好還分心？」媽為了二哥每天流淚禱告，十年來眼睛都有些哭壞了。

「我在想妳二哥的問題。我向神說，主啊，祢為什麼給我這樣一個兒子，為什麼給我這樣的重擔？每天出入我都要翻過這個山丘，雖然陡峭，可是靠著毅力都能克服；但是妳二哥的問題，卻使我無能為力、束手無策。」

為了二哥，媽真的吃了不少苦，也受了許多屈辱。不說為二哥終日提心吊膽，打架鬧事後要照顧他、幫他找戒毒的地方、還要幫他照顧在台灣那段日子裡生下的孩子，就連媽每一次向人傳福音時，大家也都會笑她：「妳自己的兒子都在吸毒，還來勸我們要悔改信耶穌；曹教士，妳向妳兒子去傳福音吧！」

面對這些譏笑，媽只有沈默以對。她總是無怨無悔地承擔二哥加諸在她身上的一切。

「瑪麗，妳知道嗎，當初妳爸帶著我和你大哥從大陸逃到香港，又流浪到調景嶺時，我們的生活一直都很拮据，相當苦；妳爸爸賣畫、我勤作女紅，大家彷彿都只是『為了活而活』，沒有剩餘的心去想其他的事。

「認識神以後，雖然生活仍然匱乏不足，妳二哥也給我帶來許多痛苦，無論是自個兒的心情或是別人的羞辱，每一件大大小小的事或是突發的事，都撞得我傷痕累累、措手不及；可是，幸好認識了主耶穌基督，祂使我有盼望，也同時看見人活著的價值。『藉著神的靈，叫我們心裡的力量剛強起來。』因為有神，因為神賜給我的愛，我能夠勝過一切困難，我的心終有所依。

「尤其是當我懂得將眼光從日光之下轉向日光之上神的國度、主耶穌十架上犧牲的愛時，我就真體悟『只要信，不要怕』的真實意義了。所以，我不會灰心，也絕對不會放棄的；為了妳二哥，我要盡力到最後一刻，況且，妳二哥還感受得到我愛他；而我還是會持續每天為他禱告，一直禱告到他認罪悔改，回到主的懷裡為止。」媽堅定地說。

「媽，神會聽到的。」瑪麗把媽媽的手腕摟得更緊。

瑪麗看著我說：「因著媽媽，我真體悟到，神所賜予的信心是維持生命新鮮的最佳保鮮劑；而神的愛更是人生命永恆的動力！」

不自覺的，我也握住瑪麗的雙手，手中的溫度互染我倆身心。感動瑪麗的媽媽，無論時代和命運多無情，卻因著神所賜的信心展示希望，十足的確據。

這時，彩虹正鮮麗地劃過天際。

2 信心裡愛的盼望

劉民和

在我一生中，媽媽的禱告為我帶來極大的福分；也因為她的禱告，帶出了信心裡愛的堅持。

年少時我有兩個不同的朋友圈，一是一起長大的鄰居，大家一起讀書、一起打球運動；一是在校交往的吃喝玩樂的同學。也許是年少無知，也許是成長中的叛逆，十三歲開始，因為無心於課業，我便與那群在校的同學整天在一起打混，畢竟吃喝玩樂較能奪人心。

那些年裡，在校園中所有為非作歹的事：偷、騙、恐嚇、勒索，用現在的語言來說也就是所謂「霸凌」的事，樣樣都做。之後，覺得生活不夠刺激，十五歲那年加入香港黑社會，進入另一個好勇鬥狠的世界，造成我放蕩不羈、流氓耍狠的習性。

世界都有同一種流氓教育，那就是：大哥被殺，小弟要替大哥報仇；大哥有罪，小弟要承擔。香港黑社會當然也有屬於它的流氓教育：「要就不要出來混，要出來混就要混得像個老大」、「不吸毒不像老大」。當時，我為了想要混個老大的名號，也為了要「像個老大」，便嚐了第一口嗎啡，從此就被毒品鉤住，不得自由。

毒品的誘人之處，實在令人無法想像，只要嚐上一口，無論生理上的反應如何，都會讓你想再吸下一口、再增加服用劑量，愈陷愈深。

媽媽的呼喚

記得有個寒冬夜裡，我在調景嶺一個偏僻、隱密的空屋中——也是我與黑幫朋友經常聚賭的地方。當時，我們正聚在一起吸毒、賭博，突然聽到門外媽媽喊我的聲音：

「民和，民和呀，你在裡面嗎？如果你在裡面就快點出來吧，不要再吸毒了，跟媽媽回家去啊！」

這突如其來的呼喊，我楞了一下，立刻叫大家不要作聲。

媽媽不停地在屋外叫喚我，那聲音隨著風飄盪，聽起來彷彿是淒厲的哭聲。我心想，媽媽為了找我，一定是想盡辦法懇求我道上的朋友，才能找到這麼偏僻又隱密的地方。但是，我告訴自己不能出去，這樣最起碼可以讓媽媽以為我不在裡面，不致讓她太傷心。

可是我心裡真是痛恨自己到了極點。當初要不是錯誤的英雄主義作祟，以為「不吸毒就不像老大」，我就不會被毒品捆綁得不可自拔，也不會害得母親為了找我，在這冷峭的深夜裡身心受累。

有人說：「吸毒的人沒有親情。」這話只說對了一半，因為一旦毒癮來時，就算我們有親情也活不出親情，有感情也活不出感情；這種無法將良心正放的心境比沒有親情還要更加痛苦，正如我媽媽因為我受盡傷害，是我最深的歉疚。可是她始終沒有放棄我。

「神啊，祢會救這個浪子吧！神啊，祢要救這個浪子啊！神啊，祢能救這個浪子的！」媽媽總是這麼真誠地為我呼求禱告。有一次，當我被人打傷住院時，昏昏沉沉中，我聽到媽媽的禱告：「神啊！祢不要讓這個孩子死掉啊！神啊，求祢救救這個孩子啊！」媽媽像是直接跟她眼前一位朋友傾心吐意一般，苦苦哀求著；而這個朋友彷佛也站在她的身邊，成為她最有力、最直接的支柱。

雖然在當時，禱告並沒有得到回應，也沒有出現神蹟，我的行徑甚至變本加厲，但是媽媽仍然忠心仰望、信任神。

「這相信的女子是有福的！因為主對她所說的話都要應驗。」（路加福音1:45）

媽媽是一位傳道人，為了幫助我戒毒，時常帶我去參加教會辦的青少年夏令營，她總是存著一個希望：神的話能感動我。而我之所以答應跟她前去，一方面想安慰媽媽，一方面想要趁機跟她要錢。

雖然有時候神的話真的觸動了我，可是我自認自己這麼壞，神怎麼可能會幫我？這是絕對不可能的事。但是媽媽堅定的信心，將她帶入神慈愛的作為裡。十多年後，神真的拯救了我，我不但戒了毒、信了主，也因著信，重整了生命中一切不討神喜悅的問題，甚至改掉了我過去養成的「流氓」生活形態與性情。

最明顯的就是誠實。在香港晨曦島戒毒一段時間後，晨曦會創辦人陳保羅牧師便指派我購買伙食的工作。感恩神的救贖，也願意按著聖經的教導「按著次序規規矩矩的行」；每一次採買時店家總會給一些零頭小利，可是我都不拿，如實報帳，也從不跟店家討價還價。

劉牧師的母親見證分享，內容非常令人感動。

就因為這樣，我跟那位長期買賣的雜貨店少東成為好友。他曾告訴我，他之所以信任我，除了我不貪便宜，另有一事令他感動：

「從一件小事上可以看見你的真心，那就是這些年來，每一個出島來我這裡採買的弟兄，跟我借電話用時，都是打給男、女朋友，從沒聽過有人打回家過，只有你每一次打電話都是打回家給媽媽和兒子。」

若不是神的救贖、神的話改變了我，我是絕對不可能成為少東家口裡這樣的人。

一九九八年，在台灣服事時接到媽媽癌症末期的通知，回港看她時，她對我說：

「民和，耶穌救了你，是要你繼續媽媽的工作，做好傳道的工夫。過去這三、四十年來，為了家、為了你們，媽媽在傳道的工作上做得不好、做得不完全，希望你能繼續為主大發熱心。民和，你一定要記住，媽媽不是十年為你流淚禱告，媽媽是一輩子在為你禱告。」

禱告，成為媽媽生活的方式，也是她對神的信心；縱然神沉默不語，她也單純地相信神的存在、神的愛；她熱望與祂相隨。

媽媽的相信與盼望

苦難常折損人的心志，但相反地，它也磨練人的信心。一個人的信心，與他對苦難的反應有很大的關係。從媽媽身上、晨曦會創辦人陳保羅牧師的事奉以及四十多年自己在香港、台灣的服事，我慢慢體會到「信心」的意義。

為什麼信心能帶給媽媽無窮的盼望？那是因為信心如同突破未來的一把鑰匙，對於將來之事有一種確實堅定的信念。這種確實堅定的信念就像契據一樣，是事實，也同時有功效；是我們所盼望之事的保證，使我們對於尚未實際得著的神之應許，就像已經得著一樣。

所以，在我那段無惡不作、放蕩不羈的日子裡，媽媽雖然看不見未來的我，但是在主裡，信心使她與神之間建立了一種愛與信任的關係。所謂信實，不是單單只盼望神的應許，而是承認、相信神的應許，那才是信實。

「信就是所望之事的實底，是未見之事的確據。」（希伯來書11:1）「所望之事」是將來的事，是神應許、卻尚未成就的事；而信的「實底」就是信的本體真像，也就是一個人所信的那個未見的實體就是如此，換言之，你信神怎麼樣，就真的是那樣。

因著信，所望之事雖是將來的事，卻變得十分真實，如同已經被我們得著了；且提供了堅定的確據，使基督信仰中那些看不見的屬靈福氣，成為全然的確實。因此，信心使我們在今天便經歷將來，並使我們看見那不能看見的。「所望」就是「盼望」，既是盼望，就一定還「未見」，因為一旦見到了，就一定是實現之後，那就不是盼望了，所以「信」與「望」是並存的。既然是所望的，當然也是「未見之事」的「確實」保證。

信所未見的盼望才是真信心，才是有根基的盼望。盼望使信心成為有價值的信心，信心使盼望成為有基礎、有實底的盼望，信心和盼望是並存且互為因果的。所以，信心是不要憑眼見、不需要憑據的。因為它本身就是未見之事的確據，是使我們對於那些眼所未見的事物，覺得如同眼見一樣地確實。

不過，在這當中有個很危險的觀點，就是人很容易把強烈的慾望當作信心；誤認為信心是慾望加上樂觀，甚至有人藉著提倡一種使人產生積極的態度稱為信心，卻不知這只是一種心理上的驅使而已。信心的眼睛能看見那不能見的，但並不是無中生有。信心是直接與真實的神溝通，確信神的應許必會實現。

一般人的生活經驗會認為真理是透過觀察、驗證而來的，因此人就只信任感官所得的感受。有人曾經這樣比喻：某樣動物飛起來像一隻鳥，模樣也像一隻鳥，叫起來又是鳥的聲音，一般人就多半會認定牠是一隻鳥，如果牠生下的蛋又孵出一隻小鳥，那麼所需要的驗證就可說是齊全了，就可做確定的結論。這是人們在生活上一貫的推理與驗證的程序。

可是信心的真理卻不是如此，「我們知道，是因為我們相信。」正是因為這句話的真意，提升了我們所知的境界。信心所領受的事實，是源於從神而來的啟示，並不是驗證而來，乃是因為那是神說的。我媽媽滿有盼望，是因為她絕對相信神是信實的。

媽媽因著信，相信總有一天因為神的愛，我會成為新造的人。同樣，她對我的兒子一樣有來自神的信心；雖然他直到現在都還沒有信主，也很荒唐，但是媽媽瀕危離世之時仍然對我說：「不要怕，只要信，你就是我十年禱告得來的，你也要這樣為你的兒子付上禱告的代價。」

雖然媽媽沒有機會看見她的孫子得救便已離世，也無從享受她工作所帶來的祝福，就如聖經說的：「這些人都是因信得了美好的證據，卻仍未得著所應許的。」（希伯來書11:39）但是，「我們得救是在乎盼望；只是所見的盼望不是盼望，誰還盼望他所見的呢？但我們若盼望那所不見的，就必忍耐等候。」（羅馬書8:24-25）聖經中保羅告訴我們信心的意義與信心的功效，同時又告訴我們信心與盼望之間的緊密關連。

我一直存定「得救是在乎盼望」的態度。既然我信了主，就必會獲得救恩的全部好處；雖然在信主的那一刻起，我盼望可以完完全全地脫離罪、苦難、疾病和死亡，但是我卻仍在其中。基於神的應許，我期待從這當中得到釋放，如同我已經得著了一樣的確信。所以當媽媽在世的最後一刻，因為服事我不能陪在她身邊，卻聽到妻子麗明告訴我：「媽媽走的那一刻，臉上非常平靜，是微笑著走的。」

同樣的，當一九九五年我人在美國為主見證，無法趕回香港照顧因為生病而彌留的爸爸，甚至無法見他最後一面時，我也同樣相信爸爸因著信，知道我對他的思念，也明白我和他因著主耶穌基督的愛而恢復的父子情。當父親過世時，正是我佈道的時候，站在講台上，我訴說著自己的得救見證，追溯爸爸和我之間的衝突、我們重歸於好的點點滴滴，眼淚還是忍不住撲簌而下……。

死裡重生的我

吸毒時的我，整個人就好像死的活人，生命中活不出人的尊嚴，生活更是凌亂不堪。在人看來，這是不可能改變的。縱然從十三歲開始學壞到吸毒十年，這漫長的歲月，我傷害父母的大小行徑，是在日子中累積的痛苦。可是媽媽始終沒有放棄，這堅持到底的信心，不是因為媽媽意志過人，不是媽媽高人一等，而是媽媽相信神。一直到她送我去香港晨曦會戒毒，她都相信神給我回頭的機會，神會進入我生命做改變的工作。

在晨曦會神話語的學習，陳保羅牧師的身教、言教，神真進入我的生命，讓我知道神是我的救主，亦讓我領受到「在人不能，在神凡事都能」的大能，短短的一年裡我靠主戒毒成功，然後再去幫助其他要戒毒的朋友。

記得當初為了遠離吸毒的朋友，我考上台灣逢甲學院國貿系，獨自一人離開香港來到台灣讀書。事不從人願，因為孤單，我又淪入毒品當中，整個生活又開始混亂，讀了一年逢甲學院就無法再讀。媽媽知道後，立刻請陸教士幫忙，透過挪威信義差會助我到新竹中華信義神學院讀書，盼望我再轉個環境戒毒。已落入吸毒的光景中，我怎麼可能讀得下去，沒幾個月，還是退了學。在台灣混了一段時間，我再次回到香港，沒多久我就進香港晨曦會的晨曦島戒毒。

當我戒毒期滿，陳保羅牧師讓我負責晨曦島的一些工作時，我問陳牧師什麼是「信心」，陳牧師很簡單的一句話：「你做了就知道。」雖然當下我不是非常明白，但是就從那一刻開始，我隨時學習信心的功課。

一九八二年，一位從台灣到香港沙田信義神學院進修道學碩士的牧師徐新民，他與陳保羅牧師因為事工的關係而認識，徐牧師畢業要回台灣前，我已是晨曦會的同工，陳牧師邀我與另外七、八個弟兄一起為徐牧師送行。在餐桌前邊吃邊聊時，徐牧師訝異我的國語說得標準，問我在哪裡學的，我笑著解釋：

「我曾去過台灣三年，在台灣學的；也曾在中華信義神學院讀過書。」

「吽，我在『信神』教了四年書，怎沒見過你？」

「我那時因為吸毒，沒讀完——」我靦腆地回答。

徐牧師想了一會：

「啊，我想起來了，你是那個被退學的劉民和！」

徐牧師立刻望向陳牧師說：

「記得當年我在『信神』教書時，有一天正要上課，當時的院長陶恩生牧師要我立刻到辦公室處理一件重要的事。進到校長室時，我看見一位垂頭喪氣、面黃肌瘦、兩眼呆滯的年輕人。陶牧師說：『這個男生白天上課不專心、打瞌睡；到了下午五點多鐘，就有女人打電話來約他出去，回來後就精神百倍，原來是去吸毒。』院長問我該怎麼辦，我想了一下，建議說，一是由送他來讀書的挪威信義會差會領他回去；二是送他去派出所。沒多久你就不見了。沒想到在這裡遇見你。」

徐牧師看著我，讚嘆地說：

「你真的完全變了一個人，容光煥發，精神飽滿，說話有力。這真是神蹟。」

這是叫死人復活的見證；而這叫死人復活的首要條件就是信。當信心是相信或信任一個人時，會有穩固的意志。神的愛打動了我的心，我便不顧自己的感覺，一心只求神的滿足。因為我知道我所信的是創造天地的主；是叫死人復活、使人得生命的主；是全能的主；是使無變有的主。

從古至今，創造和復活是神能力的主要彰顯。神的創造說明了一個重要的主題：造物者與受造物的分別。造物者是自有永有、自給自足的；而受造物是因為受造而有，必須隨時倚靠造物主的維護。因此受造物（人）有義務順服造物主（神）的命令，知道為什麼神有權柄赦免人的罪。

神使死人復活的奧秘並非人的理智所能看透，完全是神的主權與能力。而我們信，是因為神有應許；惟有信心，能成就神的應許。聖經中神有拯救、賜福的應許，我們必須要有倚靠的信心、順服的信心，來回應這兩種應許。只要我們願意以信去倚靠神，就必能支取神拯救的應許，就必得救。

信心，也必須有順服的心志。神賜下許多叫人順服而蒙福的應許，人若用順服的信心回應蒙福的應許，就一定蒙福。

當初在晨曦島工作了六年後，陳牧師差派我到台灣從事福音戒毒工作，臨上飛機前他說：

「你平平安安的去，不行再回來。」

這話說得安慰，但面對一個完全不知的未來，心裡確實不知道該如何踏出第一步。可是我遵命、我順服。

在飛機座位上，望著啟航後的香港，我默默告別調景嶺、告別九龍城、告別晨曦島，踏上宣教的路。雖然心裡有些不捨、雖然我不知道台灣何處是我落腳處、哪裡有需要戒毒的人、工作如何開始、我們又如何生活……但是我相信神會帶領。

三十多年後再回顧一切，因著當初神賜的信心、我順服的心，使許多台灣戒毒的人被神拯救，甚而事工擴展至泰國、緬甸、美國、加拿大、英國以及中國。

信心帶出我的態度

至於我之所以會被差派來台灣，這是有故事的。

一九七五年間，任職中原大學社會學系，也是宇宙光全人關懷機構的總幹事林治平教授（我們都稱他為林哥），陪同學生關懷松山煙毒勒戒所、基隆監獄及雲林監獄的煙毒犯時，發現一個現象：一旦染上毒癮，想要戒除，幾乎是不可能的事。之後林哥又前往香港觀摩，參觀互愛團契與晨曦島，認識了陳保羅牧師。

一九八二年，宇宙光全人關懷機構第六次推動母親節送炭活動，支持泰北山區難民村時，林哥親眼目睹當地居民被毒品綑綁的無助光景，一九八三年再次組團「送炭到泰北」，進入泰緬邊境的大毒窟——金三角一帶。林哥信函給陳牧師請他差派人前往配搭，陳牧師接到信後，二話不說便派了我與韋啟志弟兄前往，藉此我認識了林哥。

自泰北回港後，林哥寫信邀請我到台灣參加那年的第二屆青年宣道大會，幫助年輕人認識毒害，同時也為福音戒毒神的救贖作見證。會後，林哥跟我談及台灣吸毒問題及戒毒的急迫性，他說：

「劉民和，台灣將來毒品問題也會很嚴重，希望你回香港跟陳牧師說，請他派人來台灣投入戒毒工作。」

就這樣，我踏上了宣教路。

我順服陳牧師的差派，與結婚十天的妻子及江得力一家五口來到台灣，也因順服帶出我信心的行動，離開香港。

信心的行動，從人的角度看，會覺得欠缺考慮、過分魯莽，但是認識神的人卻滿意於神沒有明確解釋的引導，不介意前面要走什麼路；因為信心的回應與行動就是堅信：神是一位信實、全能的神。

來到台灣，要學的第一門課就是：我必須信心等候。我等候戒毒的人，等候工作地點，等候住所；等候神的時間。

一九八四年初來台灣，人生地不熟，連東西南北都分不清，還好有林哥為我們打點。林哥當時請宇宙光同工錢碧絹姊妹接機，送我們到台北聖教會大專團契宿舍暫住，之後又介紹一群學有專精的義工群給我：復興商工的林行健、申耀斌老師以及吳維傑、李碧蓮姊妹，他們是我在台灣認識直到如今一直有聯繫的好友。

如今想來，神早已在台灣為我預備了一個團隊，林行健老師規劃台灣晨曦會的文宣品，李碧蓮姊妹負責會計，而申耀斌老師帶我前去他常去的勒戒所向戒治者傳福音，他彈吉他唱詩歌傳福音，我向戒治者傳講我戒毒得救的見證。

並且，將近兩個月的時間，林哥在個人受邀的主日禮拜信息分享時，會請我做得救見證，以致教會逐漸介紹吸毒者前來求助，當時因為沒有固定住所，凡需要戒毒的人都是約在餐廳見面協談，或是去戒毒者家中進行面談，工作就此慢慢展開。一九八五年，邵立克弟兄聽到我的見證，居間介紹我與展望會會長莊文生牧師相識，莊牧師明白晨曦會在台的工作目的與生活拮据後，決定每年固定奉獻八千美元支持工作，這筆奉獻穩定了我在台事工的生活所需，也正因為有此筆奉獻，使我考慮必須找到固定的居所成立戒毒中心收容戒治者。

到處看到「吉屋出租」的小廣告，但我卻處處碰壁、吃閉門羹，房東只要一聽是要做戒毒工作，紛紛搖頭拒絕，甚而有人對我說：「絕不可以租給你，因為你會破壞我們這裡的地方『色彩』。」當時陪我一起找房子的申耀斌老師，拍拍我的肩膀安慰說：「神一定會負責。」

一九八五年八月，我與申老師（後按立為牧師）及論壇報記者王明全（後按立為牧師）一同前往永和保福路租屋。屋主是基督徒，沒聽過「福音戒毒」，但因為是主的工作，不但願意支持，還以最低價出租，聽到屋主的支持，我們三個人當下跪在地上流淚禱告，感恩神的預備；雖然當時屋中只有四根柱子，空無一物，但是當初來台灣對主那「未見之事」的信心，如今已看見神一步步的成就。

在信心的眼中，表面上看當初來台灣是冒險的，但是我相信神的應許，因而經歷神的信實。有神的話作為根據，信心就不是盲目的，且有理智作為基礎。

我們的順服不是寄望能夠改變現況，也不是要先確定結果才去做事，而是純粹寄望在主的身上，照著神的話去做。這是責任，所以要喜樂地去做，至於結果，就交託給神。

信心不是像鴕鳥般把頭埋進沙土，或是強逼自己相信自知是虛假的事物；信心是有理智的信靠。我因順服來到台灣，我也相信神的應許、神的帶領，因此在回應神的應許時，當初遇到的困難便顯得微不足道了。

信心中的操練

因著神的愛，媽媽對我的付出不計代價；而我在晨曦會的服事，亦全都是主愛裡的信心操練。在晨曦會，無論任何一件事、任何一個得救的靈魂，原都是未見的、無法預知的，神就這樣帶領我們走一步，算一步；走一步，是一步。

三十七年前，我並不知道三十七年後的晨曦會在台灣能結出多少果子，會有多少主所賜的產業；那些年裡，絕大部分都是危機四伏、舉步維艱，時常令我信心不夠，疑惑連連……可是愈是如此，我愈發現自己需要神給的信心，愈需要在神面前謙卑。

也因為這樣讓我學會緊緊抓著神不放，神就賜下出乎意外的信心給我，使我更加肯定神的能力（祂的守信），相信祂是信實的主（祂的帶領），如同〈希伯來書〉11章

晨曦會輔導戒毒弟兄，不論發生什麼情況，也不會輕言放棄。

8至12節敘述信神的根基、〈羅馬書〉3章22節教導的因信稱義，以致三十七年後，台灣有三個戒毒村、三所更生晨曦輔導所、姊妹之家、晨曦福音戒毒學院（包括男門訓、女門訓、職門訓）、職輔中心、行政中心、男中途之家、二個愛滋輔導村等十五個據點，輔導過六千多位戒毒者，近百分之二十六至三十戒毒成功的弟兄姊妹（以三年內不吸毒者為準，其中戒毒期滿弟兄且仍然住村者不包括在內；目前雖然沒有吸毒，但生命的表現、言行的表達不很穩定者亦不包括在內）。至於泰國方面則有兩個戒毒村、姊妹之家、兒童之家（撒母耳之家）、門徒訓練中心、晨曦農場、曼谷辦公室等七個據點。之後在美國、加拿大、緬甸、中國、英國亦陸續成立戒毒中心，這一切都是神恩典的創作。

其實工作中要等一個戒毒弟兄認罪悔改、情緒穩定、信主，並不是一件容易的事，那是要經過千錘百鍊的（正如我媽媽等候我能戒毒成功一樣）。弟兄們好一陣、壞一陣的（再次吸毒），若不是信心仰望主，相信神有大能的作為，服事的人真可能會因為弟兄們的問題而精神異常。正因為在主裡，每一次遇到這種難處，我會告訴自己：「我盡力而為了。」我稱這是「信心背後的等候」，因為如果沒有信心，怎麼可能讓弟兄一而再、再而三地，多次進出戒毒村戒毒（如同我媽媽一直幫我找戒毒的地方）！我相信神有大能，要救一切相信祂的人（羅馬書1:16a）。

以經驗來說，多次進村戒毒的弟兄破壞性大、挑戰性也大，因為他太瞭解村中的運作，容易批評論斷；這當中如何輔導、如何拿捏，是需要神給智慧的。如果與神的關係不夠親密，經驗反會成為工作中的死胡同，變成單憑自己主觀的喜好去做。反之，如果與神有親密的關係，那麼在某一刻、某一個關鍵點上，神會突然打破經驗，會讓人有突破、有信心地去處理問題，也經歷到事奉不是全靠經驗，而是「在主裡重新得力」。

這樣的信心聽起來似乎有點冒險，一般人也未必看得明白，但這實在需要完全在主裡忍耐等候。當人冷眼旁觀、出聲譏笑時，偏偏弟兄又真的失敗軟弱，當下著實會非常心痛；可是神是安慰人的主，是「使人復活，使無變有」的神，所以我不至於會灰心喪志。也正因為等一個弟兄戒毒成功是非常不容易的事，若等到了，便等於是看見神的大能、神的恩典，更是神彰顯祂自己的榮耀。

有人說，晨曦會從開始到現在，仍然存在很多問題，還是有很多弟兄甚而同工軟弱跌倒。我絕對承認這個事實，但是我也必須承認，這正是神的恩典所在，因為我們原本就是活在恩典之下。要不是因為我們願意與弟兄「磨」、給同工回轉的機會，要不是因為有神的恩典，戒毒村就會變成吸毒所，到時就不單只是因為生命不穩定及不成熟而產生的問題了。

所以，屬靈的智慧是人心所無法想像的，如經上所記：「神為愛祂的人所預備的，是眼睛未曾看見，耳朵未曾聽見，人心也未曾想到的。」信心是因信得生的信，是神應許的信。生活中有許多事情本身是不可靠的，我們若堅信不可靠的事，結果會不堪設想，惟有神的應許是確實可信的。堅信神應許的信心，是我們靈性最可靠的基礎，最大的穩定力。

福音戒毒聖工是一項又大又難、吃力不討好、高投資低成就、經常會遭人誤會、會令人傷心、會難過的工作。就算平時百分之九十九對弟兄好，但只要讓他們有一點不如意，就會立刻遭到胡言亂語的人身攻擊，讓服事者有不公不義的感覺。可是，愈在困難中，我愈學著將自己的態度符合我是受造的身分與地位，這樣就能謙卑、就能寬容，就能在艱難中繼續倚靠祂、仰望祂，就會因著信心繼續向前行。

因信保有愛與熱力

香港七年與來台灣三十七年的四十多年事奉裡，許多事情的發生都超出我的能力所及，但是我從這當中卻真實感受到，神樂意與我同在幫助我。祂藉著我這個瓦器成就了一些事來榮耀祂的名，使我因信心保有愛和熱力，不會因為困難而受挫。就像剛到台灣事奉時，對於未來實在是個未知數；可是現在，我們的工作分布在七個國家，一再經歷信心的操練，整個過程都十分令人激勵、興奮。

舉一個實際的例子。二〇〇四年四月二十七日在加拿大傳遞事工時，一對父母帶著他們的兒子阿明來我客居的住處。他們因為聽聞、且親眼看到多倫多的弟兄在台灣晨曦會戒毒村戒掉了十年吸毒的惡習，也希望我能幫助他們的兒子，但是因為法律及簽證問題，無法即時到台灣戒毒，不知該怎麼辦。

當我和他們一家三口禱告完畢後，他們很痛苦地一直哭泣，我實在不忍心，便一個念頭上心，我問那個孩子：

「阿明，你真的想戒毒嗎？」

「是的。」

「如果能遵守我開出的條件，我還有半個月時間停留在加拿大，讓你跟在我身邊戒毒，類似一對一的帶領。」

「我願意。」

「好，我的條件是：一、不能單獨行動，要緊跟著我們。二、身上不能有錢。三、不能抽菸和私自打電話，每天要住在一起，一起禱告、讀經、聚會。」

阿明當場答應，願意照我的意思做，於是，我們就這樣在加拿大開始了「福音戒毒」。

但是，我們要住在哪裡呢？住阿明家不方便，那裡靠近中國城的毒窟，很容易受誘惑。於是我在教會團契中分享這個難處，有位姊妹說：「我家的地下室可以借給你們住，只是我必須先回去問問我的丈夫，因為我有四個孩子，怕會不方便。」

實在很奇妙，神介入了這件事，原來她丈夫也經常去監獄向受刑人傳福音，因為時常接觸吸毒的人，對戒毒工作稍有瞭解，所以他聽妻子說明事情始末便一口應允，願意幫助我和自台灣戒毒成功回來的弟兄以及兩位戒毒者——另一位個案是阿明的朋友，他和阿明一起坐過牢，出獄後參加過團契，當他知道阿明要戒毒時，也願意和我們住在一起生活。就這樣，我們四個人住到這對夫婦家中的地下室，開始福音戒毒。

當我們和他家六口、總共十個人住在一起時，一幅好美的主裡同工的圖畫在我眼前顯明，實在感嘆真是不可思議。輔導弟兄時，我有一個原則，就是不先處理事（吸毒的事），而是先處理人（詳細照管我的羊群）。阿明在戒癮過程中雖然因為毒癮造成他情緒不穩：想抽菸、大發脾氣、偷跑後又回來等等，狀況百出，可是，他竟然也和我們在一起住了十天，並在每天的見證會中，聽到許多神的恩典作為，越聽越覺得真實，句句打中他的心；加上每天的禱告、分享、陪伴，在在堅固了他，使他感動得決志信主。

過程中，教會弟兄姊妹大家都看在眼裡，也都感動在心，都說以前雖聽過福音戒毒的見證，但不知道過程會是如此地艱鉅、困難。感謝神，是神開了大家屬靈的眼睛。有一對夫婦告訴我，他們看見姊妹家庭願意開放給吸毒的人住，復興了他們的

新果敢戒毒輔導中心，這是之前從未有宣教士進入的地區。

心，他們有一部車願意奉獻出來；還有一位律師聽到我們的見證，也願意為我們辦理非營利機構申請案。短短的一個月，我親身經歷因著信，弟兄姊妹在神的事工中所流露的同心，實在是美好得無與倫比。

半個月後我要回台灣時，弟兄姊妹都問這兩位戒毒弟兄該怎麼辦，我對他們說，只要阿明他們願意繼續留下來戒毒，我願意派同工前往支援。就這樣，「晨曦會加拿大戒毒中心」成立，事就這樣成了；同時因此過程復興了教會中弟兄姊妹的心靈，應驗了「在神沒有難成的事」。七年後，加拿大事工不但繼續發展，也已買下房子作為永遠基址。

新果敢成立戒毒村也是一件奇妙的經歷。新果敢位於緬甸聯邦東北的自治區，與

新果敢勞改戒毒營的戒毒弟兄們，正專心地聽劉牧師宣講。

中國雲南相連，屬毒品王國「金三角」範圍內，面積約為三千平方公里，居民幾為中國人。那裡種植罌粟的歷史有一百八十年，因為鴉片而聞名於世，讓走私、毒梟獲利亦同時斷送無數人的生命。

二〇〇九年特區軍隊與緬甸軍隊征戰，不敵而撤向中國，非法販毒的彭氏家族就此隱匿行蹤，去向不明。果敢特區曾改組為果敢地區臨時管理委員會，法院院長兒子與法院庭長兒子都在泰北晨曦會戒毒穩定後再接受四年的泰北晨曦門訓中心培訓，結業後他們回到果敢，力邀我去設立戒毒村。當時正逢新政府白主席上任反毒，「禁毒」成為首項改革政策，經過一年的禱告，二〇一〇年晨曦會開啟新果敢福音戒毒工作，成為當地第一個進駐的福音戒毒宣教團體。

一個人，若能活在神的愛中與信心的操練中，是一件多麼有福、多麼有盼望的事情！

代替的愛

我一直認為媽媽在主裡的愛很偉大，她明知道不可能的事，卻還是存著一線希望去努力；還是全心全意、持續地為我禱告，一直盼望能藉著禱告讓我勝過軟弱。

曾經，她看到我毒癮發作得太痛苦，就對我說：「孩子，你去戒掉它，媽媽來替你痛苦。」不明白的人以為媽媽言過其實，事實上這就是愛到最高點的「代替」，如同神使那無罪的主耶穌，替我們成為罪，有效地處理了人整個罪的問題，讓我們的罪在祂身上，使祂成為我們的贖罪祭，以致我們可以與神和好，在祂裡面成為義（林後5:21），這就是神賜下的救贖恩典。

服事中，我愈來愈明白，因著神話語的應許，讓我看見神的異象——即神永恆計畫心意的分享，就是要救贖這些因為戒毒而願意信主的人。尤其是在戒毒者身上，對於「信」有更深的體會：他們的信心有大有小、有強有弱、有堅固有軟弱，但都是「信心」；只是，我們究竟需要什麼樣的信心才能靠主得勝？答案是：「我已經與基督同釘十字架，現在活著的不再是我，乃是基督在我裡面活著，並且我如今在肉身活著，是因信神的兒子而活；祂是愛我，為我捨己。我不廢掉神的恩；義若是藉著律法得的，基督就是徒然死了。」（加拉太書2:20-21）是神藉著聖靈運行在我們心裡的信心，使我們能靠主得勝。

故此，我沒有違背從天上來的異象，憑著信，把福音傳給吸毒的人，也願意把這異象分享給所有願意為主傳福音的人。

今天，我們活在主復活之後，活在稱義的地位上，那麼縱然遭逢「無可指望」的時候，靠著對神之信實和能力的把握，就「仍有指望」，因此我們才能因著信，無論時日多麼長久，都仍舊能用見證說話。

「不論信心是什麼，給了什麼樣的答案，或是給哪一個人，每一個答案都將無限的意義給了有限的人，而且是苦難、匱乏、死亡不能摧毀的意義。」這是托爾斯泰說的。只要人有信心，新的事物就會來臨。但願晨曦會福音戒毒在神的掌權中開始，也要在神的帶領中繼續下去。

參考文獻

斯托得，《羅馬書》；台北：校園書房出版社，2001

楊腓力，《尋神啟事》；台北：校園書房出版社，2002

陸彼得，《研論希伯來書》；台北：基督中心出版，1996

Thomas Watson，《系統神學》羅偉倫、前曜誠譯；台北：加爾文出版社，1998

吳勇，《不再是我乃是基督》；基隆：基督門徒訓練學院，1998

劉民和、莫少珍，《晨曦會靈理治療的理論與實務》；台北：晨曦出版社，2003

第二部

❖

聖召

1 踏著福音戒毒的腳蹤

莫少珍

迷途的鴻吉

一九九三年的夏天，豔熱塗染了整個台東市。

帶著一個痛苦不堪的軀殼和剛硬的心，姚鴻吉在兩個哥哥與高雄福音書局負責人吳文雄的陪同下，從高雄老家來到晨曦會台東戒毒村。

放眼望向戒毒村的四周，是由高度相差三米、各約一千坪的兩塊平地結合而成。上方平地座落著一間三合院，屋旁加蓋了一間鐵皮屋，內有沙發椅、木椅、茶几和飲水機。下方平地有兩棟一百坪長的鐵皮屋，有人正在施工翻修屋頂。

進村入口沒有鐵門，一片半高的竹林將村子與外界隔開，自成一個世界。整體而言，台東村寬舒敞亮、視野遼闊，宛若鄉村中的村宿。

鴻吉的哥哥將車停進大門的樹旁，鐵皮屋內坐著的兩個人中一人，站起迎著鴻吉四人走來。

「你們好。」同工迎面與吳文雄握手。打從晨曦會草創開始，吳文雄在教會聚會時認識了晨曦會同工，就此成為好友，這次特別陪鴻吉來晨曦會戒毒。

鴻吉劈頭就問與吳弟兄握手的人：

「什麼是福音戒毒？」

「福音戒毒，就是不靠藥物、不憑自己的力量，單單倚靠主耶穌戒毒。你是姚鴻吉？你好，我是提摩太，這裡的同工。」提摩太笑著伸手握住鴻吉。

「開什麼玩笑，全世界哪有這種戒毒方法。『同工』是什麼意思？『提摩太』是你的名字？這是什麼地方啊？」

鴻吉收回手，轉身要走，大哥立刻抓住他，厲聲道：

「等一下，好歹你也聽一下再說，到底你還要讓我們擔心到什麼時候？」

鴻吉停下腳步。

「不要急，你先聽聽我們說的內容，若你聽了還是想走也沒關係。」

1990年的台東村。

提摩太帶他們進入鐵皮屋，有個人正坐在茶几旁剪手指甲。似乎剛才的對話與狀況，對他毫無影響。

「劉牧師，你好。」吳文雄看到劉民和牧師立刻上前打招呼，「你從台北來？我今天帶一個朋友來戒毒。」

「你好，你好。從高雄開車來？」劉牧師放下指甲刀，立刻起身。

牧師？怎麼會有這樣的牧師？不是應該和廟裡的一樣，都是道貌岸然？怎麼會在人前剪指甲？鴻吉心裡疑惑地叨念。

「是，我跟姚大哥是朋友。」

「牧師您好，他是我弟弟姚鴻吉。」鴻吉大哥指指身旁的鴻吉。

台東村新建前的鐵皮屋。

「你們好。大家坐。」

同工提摩太立馬拉開所有木椅讓大家坐下。

「你吸什麼毒？」劉牧師看著鴻吉，問了戒毒面談最基本的問題。

「海洛因、安非他命。」鴻吉回答。

「吸了多久？」

「二十年。」

「有幻聽幻覺嗎？」

「他有。他因為吸了毒，總覺得有人跟蹤他，曾經拿著開山刀衝進家中的每一個房間，不停的大叫，認為警察躲在家中要抓他。每天都疑神疑鬼，家人被他整得都快要崩潰了。我們送他去過許多戒毒的地方，也去過精神病院醫治。」

大哥立刻接話。

「為什麼想戒毒？」牧師問鴻吉。

「我不想讓家人因為我精神上受折磨，也不想因為吸毒過量死亡，或老死在監獄裡。」

「這話說得實在。有案子在身？」

「還有一個刑事案。」

「進出監獄幾次？什麼時候要執刑？」

「進出監獄六次，三個月後要進監。」

「我們這裡規定要住一年半，你只有三個月的時間，你認為你可以戒毒成功？」

「牧師，請您幫幫忙，這麼多年來他是我們家的不定時炸彈，實在是精神折磨，我們用盡方法帶他去戒毒，沒有一次成功，真不忍心看他邁向死亡。我們爸媽都已過世，在他們活著時，鴻吉吸毒是他們最深的痛；雖然現在離他去服刑只有三個月，但還是希望你們幫幫他。」二哥語帶懇求的說。

「曾經有學者說，一個吸毒者通常會影響將近十個家人與朋友，這種『互累』的辛苦，是最痛的。」劉牧師看看二哥，再轉眼望向鴻吉：「我們這裡是靠福音來戒毒，每天讀聖經禱告，你可以嗎？」

鴻吉心想，為了安慰家人，我先留下，管你耶穌不耶穌，等身體養好後就溜。

「我想戒毒。」鴻吉說。

「只要你願意，我們一定幫。我也曾吸毒十年，提摩太也是吸毒過來人，我們都因為耶穌基督的救恩戒掉毒癮。」劉牧師接著說：「回答你剛才問的問題，『提摩太』原本是聖經中一個人的名字，我們因為信主重生後希望能效法聖經中他們的生命品格，所以會以他們的名字表示得救後的新生命；例如，我信主後我的牧師給我取了一個新的名字，叫『Simon』。至於『同工』的意思是，同在一起為主工作的人。」

吸毒二十多年來，鴻吉從沒聽過有人能戒掉毒癮，他訝異地看著劉牧師，再看看提摩太，他心想，難道真的可以戒毒成功？心裡隱約浮現一絲希望。

鴻吉在戒毒村

凡進入戒毒村戒毒的新人，第一個星期都要住在「新人房」，目的是幫助他們戒斷毒癮時期。

提摩太檢查過鴻吉的行李，哥哥們對鴻吉再叮嚀了一些話，便與吳文雄離開戒毒村。提摩太帶著鴻吉住進新人房。當時已是下午五點。鴻吉觀看屋內，只有兩張單人床及一張書桌，另有一間衛浴室。這時有一個人手拿聖經與筆記本進來，提摩太說：

「這弟兄是阿鐘，這幾天與你同住，跟你聊天、說說話，有什麼需要告訴他，他照顧你。」

「你好，感謝主給你機會來戒毒。」阿鐘笑著說。

「幹嘛要照顧我？」鴻吉不明地問。

「你毒癮發作時，會很痛苦，我可以幫你。」阿鐘說。

「幫我？怎麼幫？」

正說時，有人開門進來，手上端著飯菜放在書桌上。

「你們先用餐，村中一些規矩與守則，阿鐘慢慢告訴你。」說後提摩太便與送飯來的弟兄一起離開新人房。

「來，一起用餐。」阿鐘說。

「三餐都有人送來？」

「是。在戒毒村我們都互相稱『弟兄』，因為在主的家中是一家人，所以你可以叫我鐘弟兄。」

鴻吉看看菜色，三菜一湯，還不錯，但因為吸毒後正在斷癮期，吃不下。

「你住在這裡多久了？」鴻吉問。

「快一年了。」阿鐘說。

「這裡有沒有菸抽？」

「沒有。」

「那，有什麼替代品能幫助戒癮？」

「就是聖經，神的話。」阿鐘邊吃飯邊說。

「開什麼玩笑。」

「真的，我已將近一年沒吸毒，是神的話激勵我、鼓勵我並改變我，使我有重生的機會。」

鴻吉不屑地哼了一聲，因為身體有些不舒服，便躺下休息。

第二天清早，鴻吉身體漸漸有些症狀，難過得讓他無法忍受，滿腦子想的就是毒品，他立刻告訴自己：走為上策。

鴻吉顧不得阿鐘的慰留，拎著行李便往庭院大門走去。正走到一半，一個弟兄站到他面前攔住他：

「弟兄，你何不給自己一次機會，也給我們一次機會。」

「給自己機會」，這話鴻吉懂，意思是給自己戒掉毒癮的機會；可是為什麼他說「給他們一次機會？」他們的機會是什麼？難道是為了我？

隨即又有一些弟兄走過來：「弟兄，我們知道現在開始癮頭上來會很難受，但是我們都是這樣熬過來的，癮頭一過，曾經吸毒的人生也就過去了，可以在主裡成為新造的人。」

大家你一句、我一句地苦勸鴻吉，幾乎到了「死纏爛打」的地步，目的是要「磨」到鴻吉消除離去的念頭。

就在這「人海戰術」下，鴻吉留了下來。

再住回新人房，鴻吉全身開始酸痛，骨髓如針在刺，忽冷忽熱，嘔吐、大小便失禁，阿鐘忙著幫忙按摩、擦澡、更衣，處理大小便；當鴻吉急躁不安時，阿鐘跪在床邊為他禱告，甚至因為戒斷的原因，鴻吉睡不著覺，阿鐘也不眠不休地陪他聊天，講自己戒毒的歷程、村中同工戒毒成功的故事、劉牧師戒毒成功以及他從香港來台灣成立晨曦會的故事，每一個故事都深深吸引鴻吉。

一個星期的戒斷中，鴻吉的身體雖然度過極大的痛苦，但是他卻很感動。他感受到弟兄陪伴的真誠，對一個陌生人有如此大的愛與接納，實在是他從未見過的；內心溫暖不但油然而生，對於戒毒成功的遠景也有了盼望。

一個星期過後，鴻吉住進宿舍，開始與弟兄們一同生活起居。

在戒毒村，鴻吉看到同工盡心盡力地幫助弟兄，而弟兄也互相支持，令他覺得不可思議。他思想，弟兄們和我一樣被毒品綑綁，到底什麼力量改變了他們？晨曦會與監獄同樣住的都是一群犯罪之人，同樣會有爭執，但他們在爭執中卻願意為了別人放下自己，監獄中卻是彼此對抗；在這裡大家彼此扶持，監獄中卻各自生活；這裡是愛與被愛，監獄中卻是管與被管，兩方相較之下，真是天壤之別。

就在此刻，鴻吉下定決心留在台東村，給自己再活一次的機會。

鴻吉跟著村中規律的生活，每天早起早操、讀經、上課、唱詩歌、工作、禱告，閒暇時與弟兄們一起坐在鐵皮屋中嗑瓜子、喝茶、聊天，或是在屋前的廣場上打球，大家在一起的凝聚與歸向，使鴻吉感受到在台東村是他三十多年來最自在、喜樂的一段時間。

逐日中，鴻吉的生命在神的話語中緩步甦醒。

劉牧師來台東村上課，他說：「在吸毒未信主時，你跟我經歷的都是失敗的人生，但是如今能在基督耶穌裡，靠著祂的寶血得以重生，使我們能夠因著神的愛忘記背後的失敗，努力面前向著標竿直跑，實在是好得無比。神不喜歡懶惰的人，因為懶惰的人不如螞蟻，懶惰的人到收割時一無所得，懶惰的人不但不做事，反而把時間浪費在說閒話、無意義的事上。神給大家能在這裡學習，是一次生命重新得力的機會，大家一定要好好抓住這次如鷹展翅上騰的機會……機不可失啊！」

鴻吉聽後，很受激勵，深覺自己過去就是一個浪費生命，不懂得珍惜的人。上課中，他感覺劉牧師如同他一般，就是芸芸眾生的一個「平常」人，不拿大道理壓人，不板起臉說教；說話雖然大聲大氣卻又是掏心掏肺的勉勵大家，信仰於他是一股強大的愛人愛神的力量；尤其當他說到自己戒毒見證後，彷彿一個鐵漢有萬般柔情：「我們這群吸毒的人，戒了毒後不幫助吸毒的人，誰來幫助？」這句話烙印在鴻吉心裡。

由於遼闊的環境、規律的生活起居、同工付上的代價、義工老師們每天不辭辛勞地來此上課、義工媽媽們噓寒問暖的愛心，以及劉牧師的所言所行，使鴻吉在短短八十多天的日子，原本混亂的心性、混濁的生命，就像放入明礬一般，有了清晰的心思意念，改變他活在世上的需要和價值。

三個月即將結束。

鴻吉準備要去執刑的前一天，坐在課桌椅上的他，心情非常鬱悶，因為在戒毒村將近三個月的學習，他打心裡願意接受耶穌基督為他的救主，期盼自己有一個新的人生，也渴望自己能參與這份堅固弟兄的工作；但是，他自覺自己一無所有，學歷又低，現在又面臨兩年的刑期要去執刑，監獄的灰晦，是一個不可知的大染缸，未來兩年的日子，實在令他害怕……上帝，祢是真神，為何不讓我免了執刑，留我在戒毒村學習……他心裡的呼喊一遍又一遍。

心裡充滿無奈的鴻吉，拿起課桌上的杯子，逕自走到飲水機旁盛水，正在這時，鴻吉胸臆間突然充溢了無名由的滿滿感動，像是受到很深的祝福：有一天，上帝會把這一切失去的都還給我，使我樣樣都有。

「晨曦會，等我回來！」鴻吉眺望屋外的天地，篤定地說。

服刑當天，鴻吉帶了幾件衣服、一本聖經和在村中親手抄的詩歌本入監。

迷途的明亮

一九九四年的四月，天正飄著細雨。林明亮與阿凱坐在台東村下方新蓋好的第一棟鐵皮屋的穿堂階梯上，望著細雨、看著天地，兩人無思無緒地坐著。

鐵皮屋正中的穿堂約十坪大，是弟兄們喝茶、聊天的休閒區。當中有沙發椅、茶几、飲水機及一張高腳長桌。左邊是一間大禮堂，右邊是辦公室、洗手間及隔的一間間房間。第二棟相同長寬的鐵皮屋，是弟兄們的宿舍、飯廳與廚房。

明亮與阿凱同在斷癮期，以致全身軟綿無力，精神無法集中，不能跟其他弟兄們一起在教室上課。

「你吸什麼？」明亮問。

「海洛因。你呢？」

「也是海洛因。」

「真的？這幾天，我看你都吃得下飯，你有帶『東西』進來？」阿凱放低聲音問。

「我還懷疑你有帶『東西』進來呢，要不你怎麼可能睡得那麼好。」

兩人互望對方，眼中全是猜忌。

台東村新建完成，十分寬舒敞亮。

阿凱正要再追問時，一輛車開進村中，有個人下車後直接跑進大禮堂。

「你認識那個人嗎？」阿凱換了個話題問。

「你不認識？劉民和牧師，晨曦會總幹事。」

「不認識。」

「真是！電視都有採訪過他，還得過反毒有功人士與好人好事獎。」明亮說。

「今天可真熱鬧，剛才來參觀的聽說是台東市的檢察長，現在總幹事也來了。」

「可能是約好的吧！」明亮心想大人物見面，不都早已敲定好時間。

兩人就這樣無所事事的有一句沒一

句的呆坐了一個小時。這時，帶著檢察官參觀的同工劉約翰傳道，正向明亮與阿凱坐的地方走來。一部車也在這時開出車庫，劉牧師從大禮堂正門冒著雨跑上車。不到一分鐘，劉牧師又下車向著明亮這兒跑來。

一定是來跟檢察長道別的，大人物不都是這樣。明亮心想。

「弟兄啊，你們好好留在這裡，我現在有事必須趕回台北，過幾天我會再來看你們，你們好好加油。」劉牧師冒著雨跟明亮和阿凱握了握手，轉身便跑回車上。

「哇！」明亮驚嘆了一聲。劉牧師跑來並不是跟檢察長道別，而是來關懷我們這無知無識的人……原來「弟兄」在牧師的心中真是這麼重要。其實，牧師大可不必來跟我們打招呼的，明亮心裡自忖，因為我們有同工照顧，但是他卻……。過去跟著黑社會老大，因為利益關係，老大會照顧小弟，可是劉牧師這麼忙，跟我們又無血緣關係，竟然這麼看重我們，還冒著雨來問候，相信這樣的關愛是發自內心的。明亮滿心感動，這是他第一次感受到人世間真有無私的愛，也是第一次親身目睹愛的行動。

過了幾日，劉牧師再次來到台東村，上完課後，單獨跟新進村的弟兄們一個個關懷聊天。

「你是明亮？村中生活還習慣嗎？」劉牧師邊問邊指著鄰座的椅子要明亮坐。

「生活還好，同工都很照顧我們。只是這信仰……。」

「不相信？沒關係，慢慢瞭解。你今年幾歲？」劉牧師平平地說。

「三十一歲。牧師，靠著禱告，真可以戒毒？」

「靠著禱告、靠著神話語的能力與權柄，也靠著耶穌基督的寶血潔淨，才有了新生命，我就是這樣戒毒成功。你過去有到別的地方戒毒嗎？」

「有，家人送去的，七天十萬元。」

「嗯，一般治療都很貴。吸毒多久？」

「十二年。小學四年級加入黑社會。那時流氓教育告訴我，絕對不能吸毒，一吸毒就『翹忼』。」

「跟我們香港黑社會的教導不同，我們的流氓教育是不吸毒不像老大。可是既然角頭老大都已經告訴你不可以吸毒，你又為什麼去吸？」

「一九八三年開始，海洛因是潮流，而我是因為角頭幫派，朋友犯案受牽連，壓力大，所以就去吸了。唉，人的心理就是這樣，我告訴自己不能吸，但因為朋友都吸，身不由己。不過我吸後是很害怕的。我想，我這一生就完了。」

「在黑社會混，心裡確實很矛盾。為什麼會來晨曦會戒毒？」

「去年行政院院長連戰大力向反毒宣戰，各大報紙都在報導，各地醫院、學校也積極開研討會，會中各大醫院的院長都說從沒看過有人戒掉毒品，只要吸毒，就等於宣判死刑。但是當中三軍總醫院的陸汝斌醫師說，台灣沒有看到，可是香港有研究報告福音戒毒有百分之六的成功率。當時我看到報導，沒有錢飛去香港戒治，正好聽說香港晨曦會在台灣有戒毒工作，我就來這裡了。」

「是你自己打電話要戒治？」劉牧師接著問。

「是我姐姐幫我聯絡的。當時她一直打電話給晨曦會輔導員，也一直向輔導員哭天喊地；好不容易可以入村了，但我並不願意，可是吸毒實在是太痛苦了，弟弟妹妹願意開車陪我從屏東來台東，我不想再讓親人傷心，就答應了。只是沒想到在路途中我毒癮發作，南迴公路不好走，我全身難過得受不了，一直踢車門跟弟弟妹妹說我要下車找毒品，車子搖晃得非常厲害，真是生死邊緣。好不容易開到台東火車站與約翰傳道會面，再由約翰傳道引路到戒毒村，因為台東村太偏僻，實在不好找。」

「聽同工說，進村時在你身上搜到針頭。」

「是，可是我沒有帶毒品進來，因為我心想這裡雖然說是戒毒的地方，但一定會有毒品，所以帶著針頭在身上，還以為這裡會有人偷藏毒品。」明亮有點靦腆。

「因為你帶了針頭，同工是不想收留你的。」

「是啊！叫我妹、我弟帶我回去，當天妹妹哭著說，我哥來時一直踢車門，幾乎出車禍，若要我們帶哥回去，是否能到得了家都不知道。」

「當時，你趴在桌上因為毒癮上來鬧著說『讓我去死好了』。毒癮來時，真的很痛苦，也會很瘋狂的做一些事。」劉牧師說。

「牧師，你對我的事情很清楚啊！」明亮用詫異的眼神看著牧師。

「你好好住下來，把心毒戒掉。」劉牧師笑笑，拍拍明亮的肩膀。

「心毒？」

「我們吸毒的人，身體的毒很容易戒，只要戒斷期過了，就可以了，但心癮難戒，因為心裡被毒品控制，總是『心癢癢』，一心只想再去吸；來晨曦會就是要戒心癮。我們會陪你一起戒。」

閒談中，也是第一次，明亮感受到劉牧師生命中散發出的一種特質，那是一份愛神愛人的生命力。

明亮在戒毒村

明亮在戒毒村身體漸漸恢復後，便開始不服村中管教，也不遵守村中規定，喜歡用黑社會那一套欺負村中弱小弟兄，尤其是他一直觀察同工，認為晨曦會對外說是不收費，什麼「恩典白白得來，也當白白捨去」，世上怎麼可能沒有對價關係，他靜靜地在窺探同工們是否背地裡收錢。

日子在上課、讀聖經、工作、抄聖經、禱告中度過。因著神的話，明亮內心逐漸轉變，價值觀也與過去迥異，當他看到原也同樣是吸毒者，人生也同樣混亂的人，如今戒了毒成為同工後，卻能如此毫無私心地陪伴、帶領弟兄，深覺自己原先無謂的猜忌，全都是惡；原來基督信仰真可以改變人的生命。

將近住了半年後，因為晨曦會與屏東更生保護會簽約合作，預計要去那裡幫助更生人戒治，所以全體人員都要搬到屏東輔導所住，台東村將改為女戒毒村。因為明亮不是更生人，只好離開回家。

當村中所有同工、弟兄打包好後，三部八人坐車同時開到位於屏東市更生保護會的屏東輔導所。弟兄們順路送明亮回屏東老家。

台東村上課的情形。

回到家中的第三天，晌午時分，明亮坐在客廳看電視，突然有人按門鈴，姐姐立刻從廚房走出：「我去開門。」

劉牧師與義工曾媽媽走進客廳。明亮嚇了一跳：

「牧師，曾媽，你們怎麼會來？」

「來看看你，還好嗎？」劉牧師邊說邊坐在客廳的長沙發上，曾媽也同時坐下。

「是我打電話給曾媽，我擔心你回來後那些黑社會的朋友又來找你，你受不了誘惑又去吸毒。」明亮姐姐說。

「妳為什麼不跟我商量一下。」明亮怒視姐姐。

「我就是來跟你商量的呀！不要動

怒。」劉牧師立刻打圓場。

「你姐姐是為了你好，最清楚你的就是親人，她覺得你在台東村才住半年，時間不夠，屏東又是你的地盤，怕你又去吸毒。」曾媽媽說。

明亮沉默了一會兒，說：

「我不是不能進屏東所嗎？」

「你想進嗎？」劉牧師意有所指地反問。

「同工說我不是更生人，不能住屏東輔導所。」

「你知道為什麼同工們考慮後決定請你回家？」

「為什麼？」明亮狐疑地看著劉牧師。

「愛裡說誠實話，是因為有多位弟兄不喜歡你，覺得你總是欺負人。」

「什麼？」

「弟兄們的說法是，你總喜歡欺負阿偉。阿偉因為吸膠壞了腦，一站就一兩個小時不動，你就喜歡逗他，譏笑人家是在打神功；午休時宿舍的牆是隔板，大家都還在睡覺，你卻大敲隔板叫阿偉起床戲弄他。弟兄們因為你生病不想跟你鬧，大家都包容你、忍著你。」劉牧師看著明亮說出實情。

明亮細想，事情確實如此，是自己太自以為是了，明亮說：

「牧師，謝謝你告訴我實情。我確實喜歡欺負阿偉，確實愛耍老大！對不起。」

「告訴你實情是想幫你。你知道我們這種人過去都是三頭六臂，誰也不服誰；但是，因著主耶穌的死和復活，我們有了新生命，就應該心意更新而變化，你在台東村半年，也應該看到同工的生命見證以及一些滿期弟兄的見證。」

劉牧師的話，促使明亮反省自己的行為。

「牧師，我可以進屏東輔導所嗎？」

「當然可以，我來就是要跟你談，你要調整你的行為。」

「好，牧師，我聽你的話，謝謝你願意幫助我、敲醒我，這次進村我一定調整自己的不當行為。」

再進屏東輔導所後，只要上完課、工作完，明亮留在教室讀聖經、靈修，寫心得，當然，過去欺負弟兄的事、耍老大的事，再也沒有發生。

鴻吉、明亮主裡相遇

下課後，明亮看看坐在隔壁座的弟兄：

「剛才上課時，傳道同工介紹你，叫——姚鴻吉？」

「是。」鴻吉回應。

「我是明亮。昨天聽弟兄們談到你今天會來輔導所，說你在監獄時就定意要回晨曦會。」

「原則上是，但還是有試探的。」

「咱們是弟兄，說你一句，你是阿斯巴拉啊，出監獄後還定意要來晨曦會戒毒，真是天方夜譚。在監獄兩年不就已經戒了毒癮，出獄後還來戒毒村，把自己綁在這裡？你頭腦派起？」

「你認為監獄裡沒有毒品？當我從台東村去執刑時，我告訴自己，我一定要保守我的心勝過一切。我帶了聖經去監所，每天讀。剛進監的前幾天還好，可是過了幾天，有人拿菸給我抽，我拒抽，他們就笑我說，以前監獄沒開放抽菸，要偷偷地抽，現在開放了，你不抽？我一想說的也是，就伸手接過菸。毒品也是一樣。當大家坐在

姚鴻吉（左一）與林明亮（左二）合影。

一起，一個接一個地輪流吸，傳到我手上時，你說我吸不吸，大家都看著我，我只好吸了；但我的心裡還是相信神的，我告訴自己，出監後我一定不吸。」

「所以出監後就來屏東所？」

「在監獄時我告訴自己，出監後一定回晨曦會。尤其是有一天，獄中廣播叫到我的名字，說是有人探監，我一到會客室看到是劉牧師，心裡非常感動，原來牧師那天來監獄佈道，佈道完特別約了兩三個曾在晨曦會住過的弟兄面談關懷。當下我實在很感動，雖然平常師母會寄《晨曦之光》雙月刊給我看，曾媽媽也會寫信鼓勵我，但是劉牧師那麼忙，忙公事、忙弟兄的事、忙弟兄家屬的事，還要忙國外的事；當他來監獄佈道時，還記得要看我們，真的讓我感到很溫暖。所以出監後到晨曦會的心就更堅定了。但是一出監，心裡的毒癮就開始蠢動。按規定，出監後第二天要去法院報到，也就是同一天出監的都會同一天到法院報到，我心想若有人約我去打毒品，我就去。可是，好奇怪，當天報到的人群中竟然沒有一個人約我；我忍著回家，回到家後，我就想，我忍過今天，明天呢，我忍得過嗎？我知道我戒不掉的，所以我跟家人說我要回晨曦會，家人很高興，因為他們還是會擔心我會再去吸毒。」

「這就是劉牧師常說的，戒毒是生命議題。我記得劉牧師曾說，我們若要建造好生命，要有個優先次序，首先一定要在主裡把生命根基紮穩，先讓神的話成為我們的生命力量，才不會因為生活上的試探又失掉生命。你回來晨曦會是對的選擇。」

「來之前還有個趣事，講給你聽。過去吸毒時，家人會帶我去拜拜，求神明幫助我戒毒。這次當他們知道我主動要進晨曦會戒毒，很高興地仍然帶我去廟裡拜拜，我就跟神明說，耶穌能幫我戒毒，你不能，所以從今以後你跟我沒有關係了。」

明亮大笑，拍拍鴻吉的肩膀，從此，兩人成為無話不談的好朋友。

再回晨曦會時，鴻吉三十七歲，這一次他定意要永遠留在晨曦會，因為他記得劉牧師曾經說過：

「晨曦會的堅持與責任一直都是：『不靠藥物，只靠耶穌，領人歸主，戒毒成功；訓練門徒，戒毒宣教；生命塑造，全人康復，完成主的大使命。』這樣的責任是要繼續培訓站穩立場的弟兄，好讓福音戒毒的工作，在神的帶領中持恆永續。我們這群吸毒人站穩後，回頭要堅固弟兄，讓更多人戒毒成功，再去幫助更多吸毒人，這責任是擔在我們的肩上。」

的確，同路人應該幫助同路人。劉牧師的這番話，令鴻吉的心澎湃起來。尤其是劉牧師對福音戒毒的工作使命、對戒毒弟兄的關懷，全都發自內心自然的態度與情感，一再地感動他。最明顯的地方是，牧師每次來村中的時間雖然短，但他都會跟弟兄們話家常，瞭解弟兄們的生命光景；而當他要走時，也總會到每一間宿舍跟弟兄們打招呼：「某某弟兄，我要走了，下回再來看你。」弟兄的名字他都記得一清二楚。

鴻吉雖然自知自己沒有一技之長，也不能像來教課的老師們那樣分享聖經，但是他願意像村中的傳道同工那樣幫助同路人，就算是掃掃地、擦擦窗都好，做自己能做的，只要能被主用，他都願意盡力做。因此，他對神的真理非常追求，早上五點起床到六點跟忠祥弟兄兩人一起靈修，六點以後按著村中作息，上課、工作、運動，到了

林明亮（左）與劉牧師（右），劉牧師的鼓勵讓明亮十分感動。

下午午休後運動、休閒，五點晚飯後又獨自在教室看聖經到七點參加晚聚會。

這天，鴻吉在辦公室的走廊掃地，劉牧師從辦公室出來走到他身旁，說：

「姚鴻吉，你知道晨曦會成立了『門徒訓練中心』嗎？專門訓練戒毒過來人成為福音戒毒工人。」

「是，知道。」

「你禱告，預備心去讀。我現在要趕回台北，同工等一下會跟你談談，你先多禱告。」

劉牧師說完就走向大門，坐上車離開戒毒所。

鴻吉拿著掃把，杵在那，不知如何是好。

「鴻吉，牧師剛才跟你說什麼？看你愣在這。」剛到會計那繳完採買帳單的明亮，從辦公室走出看到發愣的鴻吉疑惑地問。

「剛才……牧師叫我去『門徒訓練中心』讀書。」

「好呀，你不是想投入福音戒毒工作？去裝備！」

「可我，我的程度怎麼可能讀得下來……」鴻吉知道自己高中沒畢業，讀書對他是件困難的事。

「有心最重要，你一直有願做的心，這比較討主喜悅。聖經是這麼教的。」

「嗯！」鴻吉想著：這一年來，看到許多弟兄發生狀況，無論是弟兄的家務事或是出村後又吸毒，牧師處理的原則都很清楚，關懷弟兄也很到位；況且他吃穿不講究，就算來村中已過了吃飯時間，餐桌上只剩一個魚頭，他也吃得好高興。在他身上看到的、讀到的、體會到的，都有啟導我的功用……。鴻吉對明亮說：

「雖然讀書對我是件困難的事，但既然是牧師叫我去，我就去讀，因為他絕對有屬靈的看見，能讓我生命長進、更被建造，是件好事。那你呢？一起去讀。」

「我也很想。這一年多來學習中也有許多領悟，也同樣看見劉牧師的真誠無偽以及同工無私的陪伴，令我由然生敬。想想他們與我們毫無血緣、毫無關係還為我們那麼『拚』，實在令我動容。在每天的禱告、讀經中，我也體悟到信仰帶給人的愛、寬容與公義，更感受到劉牧師每一次來村中的分享，是一種屬靈生命的動力。

「就像那位早期來戒毒出去後又吸膠迷失的弟兄，在幻聽幻覺中殺了人，當他出監那天，牧師守在監獄門口直接帶他坐飛機從台北到屏東，自己又趕著飛回台北，弟兄的事隨時都追著他跑，完全沒有對價關係，也不一定有價值，因為弟兄是否能戒毒成功都還不知道，但他為了弟兄到處奔波，我是打心裡感動，才明白他時常上課時說，『愛弟兄、陪弟兄到底』這『到底』是什麼意思，那是要付上完全的時間與生命的。

「所以，我是打心底願意去讀門訓的，可是，你也知道我太太回來了，這是一次復合的機會，這幾天我想了又想，過去因為吸毒，妻離子散，沒給孩子一個完整的家，都是岳母幫我帶，今天太太願意回來跟我復合，我實在很想彌補他們，所以我決定回家。」

「你在村中學習了一年半，也想回頭堅固弟兄的，不是嗎？」

「我真的很想，但我現在好不容易活得像個人樣，想給太太跟孩子一個正常的生活跟家。若一切都穩定下來，我就去門訓找你，咱們做前後期同學。」

一九九六年，姚鴻吉前往台北「晨曦門徒訓練中心」讀書，明亮離開屏東輔導所回到屏東老家。

蒙召

「鴻吉，救救我——」

「你在哪？我去找你。」

掛了電話，鴻吉立刻與妻子涂淑美牧師及一位弟兄從苗栗村開車到林口接明亮。找到明亮時，他屈著身子縮在一間堆滿回收貨物的牆角，因為吸毒的狼狽模樣，讓鴻吉有說不出的難過。

「我打電話給牧師，求他救我，他跟我說：『回來吧！別在外面流浪了。』他要我打電話給你，叫我進苗栗村。」明亮留著淚說。

鴻吉扶起明亮說：「走，我們回村。」

一路上，車中沒有一個人開口說話。

回到苗栗村明亮進入新人房，再一次重新開始戒毒生活。

一個星期後，明亮回歸戒毒村中正常的生活，在弟兄中認識了彭盈陵、李志偉。

一天，志偉的哥哥因為賭博，被賭場的人在他家牆上用油漆寫了恐嚇的字，父母害怕討債的來鬧事，便致電給志偉要他趕快回家幫忙，志偉立刻告訴同工家裡出事了，他不要戒毒了，要立刻回家處理。正好那天劉牧師到苗栗村，他聽了整件事的來龍去脈後，對志偉說：

「有事我們一起面對。志偉，你要學習無論遇到任何事，都要專心等候神的時間、神的帶領，不要慌。在任何時候，最沒有防備時，都要在最短的時間裡安靜在主裡。我想，我們派一車弟兄跟你一起回家，不是要去跟討債的談判，而是去向他們見證你們重生的生命，向他們傳福音，並且你們每天三次靈修、上課，除了我去上課外，可以請附近教會的牧師來上課。」

一部七人座車當天就開到志偉家住，志偉的爸媽安心地住到別處。弟兄們在志偉家如同一個小團契，每天三次讀經、禱告，三餐飯大夥一起做，黃昏時一起去運動，晚上請教會牧師做教導。劉牧師一有空就前去堅固大家。

這晚，當大家都睡下後，志偉一個人坐在客廳的沙發上。

「怎麼還不睡？」明亮走到客廳坐在志偉旁。

「沒事，只是想我哥現在人躲在哪裡。想想我跟我哥都很對不起我爸媽，哥哥豪賭，我吸毒，現在又被討債的人上門威脅……。」

「你現在不是已戒了毒嗎，還願意保護爸媽，是很孝順的。」

「要不是有晨曦會，我怎麼可能戒得了毒！」

「我也是。你住村多久了？」

「一年多。」

「聽弟兄說這次你進苗栗村是第二次？」

「是，第一次去台東村，因為女朋友的關係，我離村，沒多久就又吸毒了。」志偉說。

「我也是第二次，第一次同樣是在台東村，我是因為太太而離村。我們兩個的情況很雷同。」

「你在苗栗村還習慣嗎？」

「每個村都有不同的好。苗栗村位在山谷中，也彷若世外桃源。」

「這一次劉牧師的做法，很特別。」明亮若有所思。

「真的，同工也是這樣說，為了不讓我戒毒半途而廢，也為了堅固我的爸媽，使他們知道晨曦會不單單是幫助我戒毒，也會陪伴家屬們。晨曦會就是一個家，大家在主裡同枝同葉。」

「其實，這一次不單堅固你們全家，也激勵了我們的心，我們是有任務要完成，是要向討債者作見證。許多不明白晨曦會福音戒毒的人，總以為我們整天都是讀經、禱告，一成不變，事實上它是很活潑的。為了弟兄的生命，它可以有很多方式。牧師常說，信仰的基本根基不能動搖，方法可以不同。」

「真的很感激劉牧師，他的所思所想，都是在弟兄的生命上打轉。在晨曦會除了劉牧師是我尊敬的人，其次就是姚傳道了。」志偉說。

「吽，為什麼？」

「他是個正正方方的人。雖然他不是村主任，可是他每天如何陪伴、如何預防弟兄做壞事等等瑣碎細節，我們都看得清楚，心裡也都會打分數，自然而然姚傳道的形象、個性氣質就被突顯出來了。弟兄們都知道他是一個嚴謹、有原則的人，他不會做一些不合規定的事，每當弟兄們工作時若想偷懶一點、放鬆一下，只要是他的班任誰都不敢。有時，弟兄互相會問今天是誰值班，一聽到是姚傳道休假，大家的心情就會很放——鬆，聽起來好像有點負面，其實弟兄們都知道嚴謹對自己的生命是有幫助的，所以大家都服他。」志偉有聲有色地描述：

「前一陣子，戒毒村總是聞到菸味，不知道是誰偷抽菸，村主任問了又問，就是沒人承認。於是姚傳道當晚便躲在廢車中，想看看是誰半夜不睡覺偷跑出來抽菸，可是整晚都沒有抓到偷抽菸的弟兄，反而被蚊子咬了一身包。當弟兄們知道後，都被姚傳道的盡責感動，之後就再沒聞到菸味了。

「姚傳道確實是個正直的人。」明亮回應著，心裡卻攪盪起千絲細縷。一是為鴻吉高興，一是想到自己再次吸毒回到戒毒村的光景。

兩年前，鴻吉和自己還在屏東輔導所戒毒，短短兩年的時間，鴻吉不但門訓結業，結了婚，還有個剛出生的女兒；現在被派到苗栗村服事，全都按著目標前進，人生跨步得何其穩啊！可是自己呢？剛離開屏東輔導所時，還堅持不抽菸、不吸毒，為了太太、為了孩子，自認自己是有意志力的。但一年中，神的話就如風中之音，拂過耳、閃過腦際，在生活中已隨著日子流蕩失去，太太亦在工作場所被人誤傷身亡，自己放蕩形骸吸了毒，又得了大腸癌，生活再次失序。

劉牧師說過的一句話，在明亮心裡浮起：「所謂新造的人，是本質在基督耶穌裡生根建造。」

「我跟鴻吉是同期的，自己卻到現在還在戒毒。過去我是靠意志力勝過誘惑，那只是曇花一現，沒有在信仰裡紮根。我的人生，就像是一連串來來回回的拉鋸。」明亮深深吐了一口氣。

「我也是第二次才穩定下來，沒關係，神看我們悔改的心，我們一起加油。我期滿準備去考門訓，你呢，有什麼打算？」志偉說。

「等滿期再說吧！對這工作，我一直有負擔的。我們現在一起禱告，求主保守我們，生命重新開始後，能切切實實地紮根在主的道中，堅持到底事奉神。」

一年後的一天，明亮正準備報考門訓時，家裡又發生事。岳母打電話來告訴他，讀四年級的孩子用雨傘把六年級的學生打得頭破血流，學校判斷孩子有暴力傾向，他們管不動，沒辦法扶養。明亮立刻請假前去處理。他看著才十歲的孩子，面臨媽媽過世、爸爸吸毒、阿公阿媽又是隔代教養，實在難過；為了孩子，他下定決心要把他帶在身邊，否則將來若走上自己的老路，不是害了他？可是若把孩子帶在身邊，怎麼服事？晨曦會不可能讓孩子跟著我……，我該怎麼辦？

明亮好像又卡在生命的關卡上，前後為難……。其實若只為了帶著孩子「生活」，絕不是問題，因為有太多可以賺錢的方法，但是這樣的生活我有把握不再吸毒嗎？明亮自己問自己，答案是：我害怕，我沒有把握……突然一段聖經經文在腦海中浮現：

「你們看那天上的飛鳥，也不種，也不收，也不積蓄在倉裡，你們的天父尚且養活牠。你們不比飛鳥貴重得多嗎？」（馬太福音6:26）

「這病不至於死，乃是為神的榮耀，叫神的兒子因此得榮耀。」（約翰福音11:4）

這兩句經文使明亮非常震撼，他篤定神會看顧保守他，因此決定回家扶養孩子。

「鴻吉，我還是決定回家。」

「是否是因為同工常帶你去醫院拿藥，你覺得很麻煩。」

「不是，是因為孩子需要照顧，要賺錢養孩子。」

「阿亮，錢賺到，你有命花嗎？為何不留信仰給孩子？我為你禱告，你也好好禱告。」

明亮再次禱告，主啊，一直以來我都想要服事祢，可是太太死了，孩子有暴力行為，我又是癌症末期，主啊，我該怎麼辦？

「所以弟兄們，我以神的慈悲勸你們，將身體獻上，當作活祭，是聖潔的，是神所喜悅的；你們如此事奉乃是理所當然的。」（羅馬書12:1）

這句經文非常清楚地在心裡響起，明亮禱告：主啊，我要如何做呢？求祢為我開路。

過了一天，明亮興沖沖地到鴻吉的住宿找他：

「鴻吉，我跟劉志宏聯絡上，你認識的，曾在屏東輔導所戒毒後自己成立了戒毒戒酒中心，他說我可以帶著孩子去他那裡服事。」

「感謝主，太好了！」鴻吉高興地說：「這樣你的困難就都解決了。感謝主，我們一起努力，雖在不同單位服事，但同樣是服事神，幫助戒毒弟兄，真是好得無比。」

蒙召後記

每一個來晨曦會戒毒的弟兄，心靈的領受深淺不同，但都同樣得到一樣東西——信仰。行路已過中歲的鴻吉與明亮，從進村戒毒到投入服事的七年裡，上帝對鴻吉與明亮各自有不同的帶領。

鴻吉與塗淑美牧師夫婦於二〇〇四年因塗牧師自美國台福神學院教牧學博士畢業，夫妻倆前往美國接受學位頒發時，正巧三藩市有人吸毒致電求救於劉牧師，劉牧師想到姚鴻吉夫婦正在美國，請他們過去支援，就此鴻吉傳道夫婦對這位戒毒者有負擔，便帶著女兒留在美國，開啟了美國第一個華人福音戒毒宣教事工。

二〇〇七年塗牧師至監獄關懷戒毒者的途中，在芝加哥因雪地路滑車禍過世。二〇〇八年鴻吉傳道按立為牧師，二〇一〇年鴻吉牧師認識林美增傳道因而結婚，二〇一三年因為居留問題鴻吉牧師舉家回台，再次前往戒毒村服事。至於明亮雖然生病，神恩典滿滿保守了他，原在恩福會服事十三年，後自行成立亞杜蘭福音戒毒中心，按著在晨曦會學習的原則、模式事奉神、服事戒毒者。

事奉歷程中總有許多的困難與喜樂、熬練與美善，一樁樁、一件件，全都留在鴻吉與明亮各自的生命見證中，如晨光般亮著主的榮耀。至於劉牧師對他們而言，不但是生命的一種教義，更是事奉的屬靈導師。

2 遵行神的呼召，擁有真正的自己

劉民和

然而我今日成了何等人，是蒙神的恩才成的。（哥林多前書15:10a）

鴻吉與明亮在戒毒村學習的時候，都很循規蹈矩，也很長進。明亮一開始有些流氓文化，但是在村中生活半年後，整個人改變了很多，雖然也曾軟弱過一次，但因著信仰再次站起事奉神，尤其是他生病後，卻不因這痛苦的歷程放棄事奉，實在是來自神的恩典。

無論是鴻吉、明亮或是我，曾經都因為吸毒而荒唐度日，要不是神的揀選，蒙召傳神的道，生命因此有了意義與價值。看著鴻吉、明亮的生命成長，使我回想起自己得救、蒙召、被揀選以及事奉神時來自於神的異象、呼召與使命，不得不讚嘆創造的神所進行的「創造」神蹟。

進晨曦島戒毒

與鴻吉、明亮同樣的心情，吸毒讓我們都活得非常痛苦；我們痛恨自己被毒品挾制，卻又不能自拔；那矛盾、無助的心境，非一般人所能想像。

在偏差、吸毒的日子裡，我們愧對家人，尤其是我不忍心看見時常流淚的媽媽；可是，也惟有媽媽的眼淚和禱告，終於感動了我：「孩子，冤冤相報何時了？不要再想報復那些殺你的人了，媽媽愛你，耶穌也愛你，求求你去戒毒吧！」

當時我半信半疑。耶穌真的愛我嗎？可能嗎？如同明亮所言，在黑社會中，除了利害關係、江湖義氣之外，看不到「真愛」；而我更嚥不下被人砍殺時殘忍對待的那一口氣。但是為了安慰媽媽，我還是跟她到了位於老虎岩的晨曦會福音戒毒中心登記戒毒。

當晨曦會的創辦人陳保羅牧師跟我面談後，他說：「你是傳道人的兒子，可能很會讀聖經，你會心懷驕傲。我們暫時沒有床位，不能收你。」聽後我非常高興，立刻

俯看晨曦島的景色，這個與世隔絕的小島，就是晨曦會的戒毒村。

轉頭看著媽媽說：「你看，不是我不要戒毒，是他們沒有位子，要我等。」

其實，當時在我心裡是相當矛盾的。我想戒，又不想戒；我不想被毒品挾制，但是我又喜歡吸毒時那瞬間的滿足感。

媽媽失望地帶我離開晨曦會，可是她仍然不放棄地天天為我禱告。三天後，意外地接到晨曦會打來的電話，叫我立刻去位於香港西貢浪茄灣的晨曦島戒毒。那是一個離港的小島。

在進島前媽媽告訴我陳保羅牧師的見證。她說：

「陳牧師原是飛機工程師，三十多歲時因著上帝的呼召，與一位美國宣教士一起在九龍城老岩徙置區開荒建立『美門浸信會佈道所』，因著師母許恩蓮女士是護士出身，繼而開辦一間小學和診所，服務當地社區。陳牧師除了在他牧養的美門浸信會牧會外，每天都會到城寨的毒窟去傳福音。每一次陳牧師看見醫院送走因為吸毒而死的屍體時，一再激起他向吸毒者傳福音的負擔，於是印製一份『福音戒毒』的單張向九龍城寨的吸毒者發放，『這福音是神的大能，要救一切相信的人』。剛開始得到的回應是吸毒者的一串笑罵。

「陳牧師為了能夠徹底幫助毒癮者戒毒，特別親赴英國參觀當地戒毒機構，回港後親自翻譯一本吸毒者重生的見證書《毒針、毒丸與救主》。」媽媽邊說邊從抽屜中拿出此書給我，一本僅有幾十頁的書。

「一九六八年，陳牧師以每年港幣一百元的價格租下西貢浪茄灣一個棄置村莊，正式成立福音戒毒村，開啟香港福音戒毒工作，也是香港福音戒毒工作的開拓者。

「陳牧師因著信仰中神的愛，在摸索與體驗中奠立了晨曦會福音戒毒的基礎。當時香港人對『福音戒毒』完全陌生，因此工作初期，陳牧師是獨自默默耕耘，經費大都由陳師母經營的診所支援。

「一九六九年，發生了一件轟動香港的事，香港社會大眾才注意到福音戒毒工作。源由是，皇家輔助空軍人士將浪茄村內的天主堂聚會所改為俱樂部基址。而這個聚會所正是晨曦會戒毒村的所在地，導致英軍與陳牧師時有衝突。一九六九年十二月二日清晨，在毫無預警的情況下，一架直昇機空降戒毒村旁，軍人們將村內教堂的聖經、書籍和家具全部強行搬出屋外，用鐵鍊將門鎖上，貼上理民府的封條禁止陳牧師使用。

「沒想到這事被報社記者知道，第二天清晨，『英軍空襲戒毒村』斗大的標題成為英文中國郵報的頭條新聞，使政府有關部門、教會和基督教機構、電視台紛紛致電關注慰問。此舉不但使得社會大眾開始關心戒毒工作，也陸續有人支持這工作，戒毒人數逐年增加到三十位。

一九七四年五月，香港政府同意陳牧師將福音戒毒工作註冊為非營利機構，陳牧師因著聖經〈羅馬書〉13章12節的領受『黑夜已深，白晝將近；我們就當脫去暗昧的行為，帶上光明的兵器』將福音戒毒的事工命名為『晨曦會』。之後香港政府將一四四英畝的西貢火頭盆洲撥給晨曦會作為永久基址；陳牧師將此島命名為『晨曦島』。

「剛開始，陳牧師用船運了一間貨櫃到晨曦島，開始戒毒工作，白天聚會、開墾，晚上點油燈靈修，且租了一艘小艇出入島上。所以你現在去晨曦島，要受得住苦，島上什麼都沒有。」

晨曦島景，圖中的小艇是出入晨曦島用的。

我問媽媽對陳牧師的事怎麼這麼瞭解？媽媽說：「為了能幫助你戒掉毒品，我當然要瞭解晨曦會的工作，也希望你能瞭解一位牧師為了吸毒的人所付上的一切。」媽媽為了我真是用盡心力，而當我聽了陳牧師的見證，對他的毅力與堅持也肅然起敬，正如媽媽所說，竟然有人願意用生命為我們這群吸毒人擺上，實在有點不可思議。

進島的當天一早，我吸飽了毒品才坐上小艇，因為我想這可能是我最後一次吸了，便不管死活地拚命吸。

進島的小艇一靠岸，晨曦島所有的弟兄都已在岸邊迎接我，並唱詩歌為我禱告，使我整個人既感動又興奮。尤其當我看見弟兄當中有一位是我認識的人，心裡更是暗喜；一方面感動弟兄們的熱忱，一方面心想如果毒癮發作時，還有「資源」可找。

晨曦島是個四周環海的孤島。島上草長如人高，沒水沒電，除了過去漁民留下一些舊屋外，只餘一片荒野。

剛進晨曦島的弟兄，第一個星期都要住在新人房「斷癮」，當然我也不例外，由一位已戒毒穩定的老弟兄照顧我。在我來到台灣從事福音戒毒工作時，同樣將「新人房」成為戒毒者開始福音戒毒的第一步。

第二天毒癮發作，我上吐下瀉、忽冷忽熱，心裡如千隻螞蟻在鑽、幾千根針在刺，骨頭酸痛到幾乎要爆裂。我不停地用拳頭猛搥牆壁，想轉移痛的感覺，可是搥得手痛仍然抵不過心裡的痛。實在是太痛苦了，我有了離開的念頭，我告訴照顧我的弟兄，我寧願出去吸一口，就算會吸死，也要走。

和鴻吉剛進戒毒村時一樣，我同樣問弟兄：「你們這裡有菸嗎？有酒嗎？有海洛因嗎？有藥嗎？」弟兄說沒有，我說：「什麼都沒有？那叫我怎麼戒毒？」弟兄說：「我們什麼都沒有，但是我們能為你禱告，我們能倚靠耶穌戒毒。晨曦會的戒毒方法就是不靠藥物，不憑己力，只靠耶穌基督戒毒。」「耶穌在那裡？難道一禱告就不會痛苦了嗎？」我覺得晨曦島上這些人簡直是瘋言瘋語。

第三天是最痛苦的時候，忽然看到有船進島，聽說是陳牧師來了，又聽說他要來看我，我就決定要求他帶我離開。我趕緊把衣服、鞋子都穿戴好準備著，等著走人。

陳牧師經驗豐富，他一看到我穿戴整齊，還不等我開口就先問我：「你要痊癒嗎？」

「要，但是誰能救我呢？」

「我們跪下禱告吧！求主幫助你。」很奇妙地，禱告完後，我覺得身體舒服了一點，但是又害怕這是心理作用，便仍然告訴自己不可動搖，一定要離開。可是那天我還是沒有走成，因為陳牧師根本不給我說出要離開的機會，而我也不知為什麼就是說不出口，就這樣留了下來。

生命轉變

台灣晨曦會跟香港晨曦島一樣，每天三次靈修、三次聚會，並有各種運動，如打球、游泳，以及種菜、養殖、煮飯、維修、打掃等工作，這些工作都是由弟兄們分

劉民和牧師戒毒後神采奕奕。

配著做。島上生活單純，每天同工的禱告、查經、媽媽寫來的信，都給我很大的鼓勵，也給了我一次重新面對自己的機會。

剛開始，我並不認真讀神的話，只是習慣性地隨著島上的規定，按部就班地讀經、禱告；可是到了後來，愈讀神的話，就愈想追求、愈想認識神，便開始看一些註釋、見證之類的書。慢慢地，我不但開始思考聖經的話，也開始檢視自己對生命中一些事物的基本態度。

陳牧師對戒毒弟兄的教導一向是：戒毒的第一步，必須到神面前認罪悔改。因此，每天一早起床我就跪在床邊禱告，每天晚上睡前也跪在床邊禱告。

一步一步地，心中對主耶穌是死而復活的主有了明白的確據，對聖經的話也越來越渴慕，甚至有時因為神的話刺痛我而痛哭流淚、認罪悔改，生命也因而得到滋潤。

愈親近神，愈覺得神幫助我脫離了一切舊人的影響。我開始願意讓聖靈管理，願意在生活上尊耶穌為主，也更認清不是因為我值得愛，而是愛的本質就是神是愛。因此，藉著神，我尋見神；我找到自己存在的理由，並擁有了專注的方向。

將近一年後，我成為實習同工，陳牧師派我去採買伙食、帶弟兄工作、為弟兄禱告，甚至在課堂中分享聖經。當時我認為這是一種回應，回應耶穌救我，我也理當去服事與我有同樣困難的弟兄。嚴格說起來，當時我並不懂什麼是事奉，也不太清楚蒙召的定義，只是不明就裡的就是立志要跟著陳牧師堅固弟兄。我是一個吸毒過來人，瞭解吸毒帶來的痛苦與無奈，曾嘗試過任何方法都無法戒掉毒癮，可是當我願意回應神時，我自認自己是個「活見證」，能夠把神的愛與永恆的希望傳給其他吸毒者，所以我願意留在陳牧師身邊工作。

願意留在陳牧師身邊工作的另一個原因是，在島上一年多來，聽到陳牧師對福音戒毒的堅持與他生命的榜樣影響了我。他說：

「恩典是白白得來，所以凡是來戒毒的人，吃住一切免費。」因著這麼簡單、明晰的信仰理念，完全不靠藥物戒毒，單以「福音」戒毒的堅持，成為我到台灣以及發展至世界各國，無論生活經濟多拮据，我都同樣堅持。

回頭之後

戒毒一年半期滿後，陳牧師派我去美國一所福音戒毒工場觀摩、進修。在美國觀摩的七個月，面對前途，我有一些掙扎。年輕時的一些朋友都已移民美國，他們勸我留在美國與他們一起打拚；也有教會願意按立我為牧師，邀請我留下向美國吸毒者傳福音，並可作中文翻譯員。但是當初在臨行前，爸爸一再叮嚀我：「要感恩、報恩，飲水要思源。」再加上每天靈修讀經、外出傳福音的見證，不斷讓我思考自己生命中的位置，於是我決定還是回香港服事戒毒的朋友。

尤其是當時我看了一本書，非常影響我，那是席勝魔的傳記。清末期間，才子席勝魔吸了鴉片，後因信主有了改變，便用福音幫人戒毒，在他死後，中國就再沒有福音戒毒所了。故此，我特別有負擔在華人的群體中從事福音戒毒，也願意回到華人的地方，因為那裡更需要福音戒毒。

最奇妙的是，我讀到聖經〈路加福音〉裡說：「主又說：『西門！西門！撒但想要得著你們，好篩你們像篩麥子一樣；但我已經為你祈求，叫你不至失了信心。你回頭以後，要堅固你的弟兄。』」（路加福音22:31-32）陳牧師給我取的聖經名字，就是西門（Simon）。

「回頭以後，堅固你的弟兄。」我問神：「我的弟兄在哪裡？」神給我一個很清楚的意念——你的弟兄在路邊吸毒、流浪，在監獄坐牢，沒有自由；你回頭以後要堅固他們，去告訴他們，你之所以能戒毒，完全是因為信了耶穌；耶穌能幫你戒毒，也能幫他們戒毒——於是，我有了一份安身立命的信念。

當時，神讓我看到祂的心意，也讓我明白祂的託付，那就是：要救吸毒的人，如同「你們往普天下去，傳福音給萬民聽」（馬可福音16:15）。可是，單憑看到神的心意與託付還是不夠的，因為我們不是倚靠勢力，也不是倚靠才能，乃是倚靠神的靈，因此我向神說：「主啊，我願意按祢的呼召行事，求祢帶領我。」就這樣，我便回到香港晨曦島，陳牧師賦予我「村主任」的職責。

將近六年的時間，我帶著近四十位弟兄每天上完課便一起用推土機開墾山路、犁地種菜耕田、興建運動場，也跟弟兄們在海邊玩球、抓魚，並且建了碼頭使船有了停埠、翻修舊屋使弟兄們有了新宿舍可住，也有了新的聚會地方。無論走到哪裡，晨曦島每個地方都有我的足跡，而整個人在大太陽下曬得有如木炭般一團黑。甚而，那時候島上吃得很簡單，常常只有豬頭皮和弟兄們種的韭菜，每天早上一上完課，我會跟弟兄們一起燒豬頭皮的毛，一起煮麵吃。年輕時的鬥志、精力充沛真的像團火！

一九八一年我認識麗明。與麗明交往前，陳牧師原想介紹另一位姊妹給我，並不太高興我與麗明的交往；可是陳牧師是我屬靈的父親，我尊重他、孝敬他，所以我跟麗明說，我們一起等候神、等候陳牧師答應。交往三年後，突然有一天，我到陳牧師家裡，牧師說：

「Simon，你可以結婚了，結婚後你們去台灣開拓福音戒毒事工。台灣林治平教授寫信給我，認為台灣吸毒的情形會愈來愈嚴重，需要福音戒毒工作，我考慮後派你和江得力一起去。」

就這樣，結婚十天後來到台灣，至今已三十多年，在這當中經歷神不斷地引導，更看到戒毒宣教的負擔，繼而開展至六個國家。我相信，回應呼召，就是擔起責任走主引導的路。

蒙召予我

記得高二時有一次，我吸毒吸得很嚴重，在外面偷、搶、騙，任何辦法都用盡了，沒錢了，只好硬著頭皮回家跟媽媽要。當時媽媽正要參加教會辦的青少年夏令營，要我跟她一起去，為了能拿到錢，只好跟去了，只是不知道一去就要三天。

到了第三天，我毒癮來了，開始焦躁不安，起坐不寧，我告訴媽媽我要走，可是媽媽苦勸我留下，正巧營會要演話劇「浪子回頭」，選中我演那個浪子。當時我雖然有吸毒，可是並沒有人看出我的狀況，偏就選中我演浪子。就在演完後牧師呼召獻身時，我竟走到前面決志，願意終身服事；似乎神的呼召早有定意。

又有一次的經歷：當我在晨曦島戒毒穩定後晚上去讀神學院時，有一次香港颳三號風球（颱風），我晚上下課回島時，因為風太大，海水洶湧一波翻著一波，我駕駛快艇時方向盤沒握穩，頓時人仰船翻，整個人被彈入海裡，書包與船上所有東西都散落海面。我攀著快艇邊緣，不住地禱告，也不停地唱「有主在我船上，我就不怕風浪、不怕風浪……」給自己壯膽。約半個小時後，遠處一艘水警船出現，我立刻揮起紅色外衣求救，水警船看見了，把我救起。

我被救上水警船時，回身往海上一看，水面上飄著的盡是散落的錢，我心想，這下慘了，那是弟兄姊妹奉獻給我們的伙食費，如果弄丟了，陳牧師一定會很生氣，自己也對不起奉獻的人。立刻，我不顧一切從船上再跳回海裡，想救那些錢，雖然我完全沒想過自己面臨多危險的境況。就在這時，一件奇妙的事發生，當我跳下海去，我第一個抓在手裡的竟是我的聖經，錢全都不見了。神再一次讓我知道神召命的重要。

神用祂自己的榮耀和美德召我（彼得後書1:3），使我無可推諉，願意為戒毒弟兄擺上我的生命。這並不表示我有什麼過人之處，而是我就是這麼心甘情願地向吸毒者傳福音，願意將我的見證一再地說給眾人聽。原因是，我是真的體會到我的生命是神救的，而這被救的生命能夠被主所用，實在是一生中最值得的事。

每一次只要我一想起自己過去的敗壞，就不得不感激神的救贖，我也就沒有理由不順服聖靈的催逼，去傳這救贖的福音；「如果我不傳福音，就有禍了。」

事實上，神呼召每個基督徒都能為祂作見證、服事人；只是神有一些特別原因揀選了一些信徒蒙召作神話語的出口。正如我的蒙召，是為了在吸毒群體裡做神話語的出口與見證。

凡蒙召的人，生命都應該是為主而活、分別為聖的，因為他（她）已經是出黑暗入奇妙光明之人。入奇妙光明，不是靠自己可以得著的，乃是因著神的救贖，帶來全新的生命與一切良善、公義和誠實的果子。所以，一個蒙召的基督徒，他是歸屬耶穌基督，是在基督裡作成的，他的生命就必須是屬基督的，就必須為主而活。

神以祂聖潔不變的愛呼召我，這聖潔不變的慈愛，不在於我的功過或價值，而是神的本性就是慈愛，要我們進入祂的美善，為了使我的生命有果效；而這果效不在於我自己，乃在於祂恩召中的應許和能力。祂的能力能召我出黑暗，而祂的應許雖然有條件，只要我肯順從、尋求祂，就必定臨到。

所以，我蒙召不單是要做聖工，更要作聖徒；要毫無保留地奉獻給神，以及過一個分別為聖的生活，並且應該殷勤地追求生命的長進。神呼召我不只是照我原來的樣式、做我原來做的工作，更是要我成為祂要我成為的樣式。神是很奇妙的，祂既呼召了人，便會慢慢地在人的個性、恩賜中，有特殊的設計，為了要完成祂差遣的職分。神是信實的，當我們回應祂的呼召，祂也要我們信實如祂，要我們與祂的性情有分，活出耶穌基督的樣式。因此，一個「願意」跟從神呼召的人，一定可以成為被神建造的樣式，也會成為將來要完成的樣式。

例如，有時我會受邀請參加一些活動或餐會，在當中會有雞尾酒或是餐前酒，而我是被蒙召做戒毒工作，酒對戒毒人而言是引發誘惑的第一步，喝酒、酗酒、吸毒，這是常見也是普遍的次序，因為煙毒不分家，一旦酗酒不能滿足他的快感時，就容易再找回毒品，就算戒毒穩定的弟兄也會有此誘惑，這是一種犯罪墮落的性情，惡者善於攻擊人性最脆弱的地方。因此為了避免弟兄軟弱、為了保護弟兄，也因著自己的蒙召使命，無論身旁有沒有弟兄在，我都堅持不碰任何含有酒精成分的飲料，因為我知道神呼召我在這工作中的責任，我就是「福音戒毒」的僕人。

蒙召的獨特性

「耶穌基督的僕人保羅，奉召為使徒，特派傳神的福音。」（羅馬書1:1）所謂特殊、獨特之呼召，是指透過直接、特定來自神的超自然傳遞，而加諸在個人身上的工作和責任。保羅蒙召作使徒，可是福音使保羅得羞辱，也使保羅得榮耀；使保羅痛苦，也使保羅喜樂。保羅很清楚他蒙召就是為了傳福音，這是對神主權的回應；而蒙召作傳福音的使徒，一定有神給的異象，也有神給的恩惠以完成傳福音的使命。

「我們從祂受了恩惠並使徒的職分，在萬國之中叫人為祂的名信服真道。」（羅馬書1:5）一個有異象也同時領受恩惠的人，才能完成神所託付的職分。保羅沒有徒然接受神的恩惠，而是按神在他生命中的力量，盡心竭力地去傳福音；他也沒有因為神給他的恩惠而怠慢，更不會因為竭力的做工而忘了神。

保羅有一個很好的榜樣，就是他有專一持定的召命，因而有了鮮明的宣告。保羅因為有鮮明的召命、有鮮明的對象，他才會說出是以欠債的心來完成神給他的召命，「無論是希臘人、化外人、聰明人、愚拙人，我都欠他們的債，所以情願盡我的力量，將福音也傳給你們在羅馬的人。我不以福音為恥；這福音本是神的大能，要救一切相信的，先是猶太人，後是希臘人。因為神的義正在這福音上顯明出來；這義是本於信，以至於信。如經上所記『義人必因信得生。』」（羅馬書1:14-17）

保羅奉召的第一種態度，就是自以為欠債。「債」是一種負累。每一個欠債者心中常有一種負擔，債未清償，內心絕無平安。因此當我認知到，向戒毒弟兄傳福音，就是我回應神當還的債時，就不會把傳福音看作有什麼功勞，而會看作是當然、應該還的債。例如有家屬請我去他家力勸他的孩子戒毒，車程來回將近六小時，面對他的孩子完全是以冷漠回應，我也不會氣餒，因為我有欠債的心，盡我傳福音的責任，成就在於神。

神會給人對某個團體一股神聖的熱忱。神聖絕對是因為「福音」，並不是因為個人的熱心。「這樣看來，我親愛的弟兄，你們既是常順服的，不但我在你們那裡，就是我如今不在你們那裡，更是順服的，就當恐懼戰兢做成你們得救的工夫。」（腓立比書2:12）人知道自己蒙召是歸於基督，所以他凡事敬虔，按著心中的純正做事，神也默默地在他的生命裡成就，指明了對他的呼召，而當事人不知道，卻完成了神的召命。神給每一個人的價值都一樣，但神給每一個人的功能卻不同，所以我們務必要謹慎，因為召命在職份裡。

異象、呼召、使命，是從神的寶座一直發展、行動，進入人的生命裡。神從寶座把祂的旨意、心意向人顯明，使人領受獨特的眼光，之後神再感動人，使人聽見祂的呼召，再盡責去做神所託付的聖工。因此，蒙神呼召是個人生命中最深刻、最震撼、情感也最強烈的時刻。

滿足於神

「神的呼召」唯一目標是回應者能使神滿足，而不只是為祂做某一件事，是因神的話、神的靈一直在改變我們的思維，在主裡不斷地長進，才有份於神的工作。蒙召的領受有兩種，一是親耳聽見，一是心裡受感。肉身清楚聽見神對他說話，如摩西（出埃及記3:2-5）當他在曠野牧羊四十年以後，神讓他看到荊棘被火焚燒、卻沒有燒毀的景象，所以他好奇向前靠近，卻聽見耶和華說：「不要近前來，當把你腳上的鞋脫下來，因為你所站之地是聖地。」他知道這是神對他說話。

有些蒙召不是用耳朵聽見的，是心裡受感動而回應神的計畫。保羅說：「我在基督裡說真話，並不謊言，有我良心被聖靈感動，給我作見證，我是大有憂愁，心裡時常傷痛。」（羅馬書9:1-2）所以這是良心受聖靈感動而有的一種負擔。這負擔是什麼？就是「為我弟兄，我骨肉之親，就是自己被咒詛，與基督分離，我也願意。」（羅馬書9:3）

但是，耶穌在大馬色路上呼召保羅時，告訴他傳福音的對象是外邦人，不是猶太人：「我也要救你脫離百姓和外邦人的手，我差你到他們那裡去，要叫他們的眼睛得開，從黑暗中歸向光明，從撒但權下歸向神；又因信我，得蒙赦罪，和一切成聖的人同得基業。」（使徒行傳26:17-18）所以保羅的呼召是耳朵聽到要向外邦人傳福音，心受感動要向以色列人作見證。

至於我，是屬於心裡受感之人：「回頭之後堅固你的弟兄。」意思是你戒了毒以後，要去激勵你的弟兄信靠耶穌，不再吸毒。其實，在服事中一路走來，真正明白呼召的屬靈意義，還是最近十年的光景。以前會時常分享神的呼召，但認真明白、體會又順服，是近十年來的事。我感受到這也是神極大的恩典和憐憫，因為當初不明白時，沒有走錯路；而現在明白時，更願意順服、謙卑，被神使用。

親密關係

「呼召（或稱之為使命）的概念對每個人而言都很重要，因為它所碰觸的是現代人個人身份認同的基礎，以及對人性本身的瞭解。」葛尼斯（Os Guinness）說的這句話，對呼召的意義詮釋得非常貼切。

我們因為知道了我這個人的身份，所以我們就應該知道呼召我們的神，邀請我們進入一種親密的關係中；而當我明白人活著就是對神的一種生命回應時，我就能體會那種親密「合一」的關係。所以當我蒙召事奉神時，我必須先明白與神的三種親密關係：是父子的關係、朋友的關係、與神工作的關係，如此才能落實回應這屬天的呼召。

當我知道我與神是父子的關係，我就確信，在神的家中可以得到神永遠的基業，能夠求得屬靈的福氣與果子（羅馬書8:14-16）。所謂朋友，貴在知心，但是要如何才能知心呢？腓立比書二章五節說到：「你們當以基督耶穌的心為心。」如果我們以耶穌基督的心為心，就必能與人建立朋友的關係。「祂本有神的形像，不以自己與神同等為強奪的。反倒虛己，取了奴僕的形像，成為人的樣式。既有人的樣子，就自己卑微，存心順服，以至於死，且死在十字架上。」（腓立比書2:6-8）這就是主耶穌基督的心。

一旦我們有主耶穌基督的心，就會有一顆順服的心，願意讓神揉捏、破碎、修飾、更新、雕塑。「因為我們是與神同工的；你們是神所耕種的田地，所建造的房屋。」（哥林多前書3:9）我如田地，透過神在田地上的栽種、施肥、澆灌、拔除，才能使田地肥沃，產生生命的糧食。我今天活著乃是基督在我裡面活著，願意讓基督的生命、能力不斷在我裡面顯大，以致成為一個流通的管子，能夠流出神的恩典、神的慈愛、神的真理和神的憐憫。

事奉中會遇到一些無中生有、中傷的流言，例如有人說我在美國有存款、有緣卡，也有人說我要移民美國，還有人說我想併吞其他福音戒毒事工……每當聽到一些並非事實的事時，我也會難過，但是一讀到神的話，我就沒有辦法，一個真正愛神的人，是會遵守祂的命令；會以神的話操練自己，會愛你的仇敵，會寬容恨你的人。神的話，不只是一篇信息，是直接會改變我們生命，緊密地與我們存在著一種合一的關係。

「我們原是祂的工作，在基督耶穌裡造成的，為要叫我們行善，就是神所預備叫我們行的。」（以弗所書2:10）當我們與神是一種合一的關係後，我們會自願過一個「活祭」的人生：主權的奉獻以及為了神的目的而存在。我們人生的主權在神的手裡，我的人生目標都是為著神、為著榮耀神、為著成就神的旨意，如經上說：「無論做什麼，都要從心裡做，像是給主做的，不是給人做的，因你們知道從主那裡必得著基業為賞賜；你們所事奉的乃是主基督。」（歌羅西書3:23-24）

我們整個人要活在獻給主、尊祂為主、為祂而活的人生。所以無論任何地方，只要是與福音戒毒有關的事，我都願意去做、去關懷，甚至只要一通電話來，我都會盡力排除一切困難前往，我只有一個意念：「你們在天上的父也是這樣，不願意這小子裡失喪一個。」（馬太福音18:14）

我一再強調，我不是故意標榜自己，而是明白自己的敗壞、明白神的拯救，更明白神的愛；因為有經歷，所以我有這樣的心志。我不斷讓神治死自己一切不討神喜悅的惡，我知道自己已是一個「新造的人」，所以我不只是嘴裡講基督，我的生活不只是口傳基督，而是「身傳」。我以身示範被主所救的一位吸毒者，之後可以過一個怎樣的「新生活」，能夠成為一個怎樣的「新人」。

正因為這樣的心情，我的每一個心思意念、每一件事情，都願向神而活，亦會不斷地想到那「未得之地」，想到許多國家還沒有聽過福音的吸毒者，因此我反而喜歡到那些沒有人去的地方，例如泰北、緬甸、印度的山裡，以及吸毒的毒窟、被管制的吸毒區，雖然會遇到危難，會因為山路陡峭有危險（曾經險些墜落山谷），會受到吸毒者的恐嚇（要來燒我的家、要用硫酸潑我、身藏著水果刀要來殺我……等等），我還是秉持惟一的心志：傳福音、救靈魂。這些年來，有多少戒毒者戒不掉毒癮，而新的吸毒者又不斷增加，看到這樣的光景，我怎能不殷勤傳福音，並好好活出神呼召的證據和真實來！

一切源於神

一九八六年我按立為牧師後，更明白自己的責任。雖然我知道我願意做，我也在做；但我明白若不是神在做，我是做不到的，也什麼都不能做。其實在蒙召的四十多年裡，最蒙恩的還是神對我的造就、神對我的「創造」。無論是在信仰上，讀經、查經、敬拜、禱告，或是為人處世，自己的個性、觀念、心態，與同工的團契、戒毒弟兄們的互動，或是會內、會外大大小小突發的事上，我都在學習、在成長、在改變，也愈來愈願意像主、親近主、遵行主道。所以，對於蒙召的屬靈意義，我更有很深的領受：我的生命被主塑造了，我正在做一件我做不到、又要去做，且是神自己成就的聖工。

弟兄們哪，可見你們蒙召的，按著肉體有智慧的不多，有能力的不多，有尊貴的也不多。神卻揀選了世上愚拙的，叫有智慧的羞愧；又揀選了世上軟弱的，叫那強壯的羞愧。神也揀選了世上卑賤的，被人厭惡的，以及那無有的，為要廢掉那有的，使一切有血氣的，在神面前一個也不能自誇。（哥多前書 1:26-29）

這些年來，我一直分享一個見證，那就是我曾經在販賣毒品時被人毆打成重傷，不但手、肋骨被打斷，腳面亦被玻璃割傷；當時我是痛恨至極，誓言就算不殺死對方，也要廢他一條腿。可是進了晨曦會戒毒信主後，一直被主的愛激勵，便立下心志要找到對方，親口告訴他我的改變，還要對他說：「耶穌愛你，我也愛你。」

有一次我在加拿大同樣分享這種心情時，一位同在香港調景嶺長大的姊妹告訴我，她知道當初是誰指使殺傷我的，而其中有些動手傷我的人，現在也已經移民來加拿大。我心裡一陣歡喜，一方面想見見他們，告訴他們我一直想說的心裡話；一方面，四十多年沒再見過，很想再和他們敘敘。

其實，人與人在還沒有見面時，很容易講出心裡的感受，可是一旦見了面，反而不知道該如何開口。因此當我們相聚時，大家先說了一些敘舊的話，過去那些傷心、荒唐的事反而沒人提起，而我原本想講的話一時間卻也講不出口。我立刻默禱，求神賜我信心、愛心，於是我靠著神給我的勇氣，在大夥分散前向他們講出我的誠意，我告訴他們：「耶穌愛你，我也愛你。」雖然大家都已是五十好幾的年齡了，聽到這種話有些錯愕，但是我的誠心摯情在他們面前完全顯露。朋友高興地說：「下次你再來加拿大時，來我家坐坐，吃個便飯。」當我走出餐廳的大門，不禁大大吸了一口新鮮空氣，好像多年來糾纏在心中的結一下子全都鬆開了，真是無罪一身輕。

神對保羅說：「你起來站著，我特意向你顯現，要派你作執事，作見證，將你所看見的事和我將要指示你的事證明出來。」（使徒行傳26:16）保羅回說：「我故此沒有違背那從天上來的異象」（使徒行傳26:19）雖然我還沒有資格說出保羅這樣的話，但是我倒很確切地明白，蒙神呼召作見證，目的是要把基督所顯現出來的、神的道所解釋出來的永世計畫，向世人宣講、宣佈出來。

如果我們沒有異象、沒有呼召，基本上是不可能作見證的，因為一個對神有信心的人，第一個基本行動就是委身在神的蒙召裡。正如鴻吉與明亮，兩人在救贖、蒙召、被揀選的過程中，明白異象、呼召與使命的意義，完全在神的心意與神要做成的事上回應神。他們在恩典中活出真理，他們的生命見證也是討神喜悅的。

魯益師（CS.Lewis）曾言：「我們愈放下現在所謂的『自我』，讓神接管我們，我們就愈能成為真正的自我。」當我回應神，願意遵循祂的呼召時，我反而發現我擁有了真正的自己，也擁有了自己的性格，這是在主裡最奇妙的事。因此，從起初被呼召、被揀選直到現今的事奉，這四十多年來，我堅持兩個動機：為了主、為了靈魂；

兩個目的：為傳福音、為救吸毒者靈魂。

我領受到神的心意，知道神要我親近祂、傳講祂的道；也直到今日，我很清楚知道是神的靈使我順服、委身在祂偉大的計畫裡，終身行神的使命，遵神旨意；我更知道聖召不是成為一位個別的信徒，而是成為一個信心的團體，但願神因著我和同工們的聖召，賜福晨曦會的事工。

參考文獻

劉民和，《福音戒毒的生命事奉》，台北：晨曦出版社，2001

葛尼斯（Os Guinness），《一生的聖召》，台北：校園書房出版社，2004

吳主光，《蒙召、受訓、傳道》，香港：種籽出版社，2004

第三部

❖

事奉

1 愛裡的堅持

莫少珍

究竟，那椎心刺骨的傷害，要流下多少淚水才能淹沒？
每當烏雲密佈時，困住的心，該如何起步？
又該如何仰望專注於神？
你說：忍耐，堅持到底（雅各書1:4）！
你說：就這一刻，不該出口的話，一句都不要說。
你說：這是上帝給我們愛的機會，讓我們學習怎樣能愛得更好。
你說：在極度傷害中的接納，能夠體會什麼是基督的愛。
也唯有基督的愛，是為世人的不義而顯明，
是為使被愛者成為完全。

你說：自始至終 我們是在面對神！

那天，從戒毒村開會回來的車上，劉牧師語重心長地跟我說：「上個禮拜我跟阿昌的父親見面，他很無助又很羞愧地說，別家的孩子都可以戒掉毒，為什麼他的孩子進出戒毒村都已經兩次了，卻還是戒不掉？現在正準備入獄服刑……看著他傷心的樣子，我實在不忍心，因為我真知道那種無助的心痛，所以我想再盡一點心、再幫一下阿昌，希望在他服刑之前來行政中心幫忙做些事，看看能不能在跟大家的互動、關愛中，增強他戒毒的意念。莫姐，這段日子阿昌就拜託妳啦！」

按照晨曦會「戒毒住村程序」的規定，阿昌是個特例。

這使我想到跟劉牧師出差到高雄的那次，搭乘高鐵時，劉牧師接到一位近三十年都沉浮在毒海中的弟兄電話，他向來有暴力傾向，也多次羞辱、痛罵甚而拿刀威脅過劉牧師，可是劉牧師仍然因著信，無論任何處境下，一直扶持至今。

通完電話後，劉牧師嘆了一口氣，似乎有些憐恤又有些感嘆地說：「晨曦會以後可能沒有同工願意跟這樣麻煩的人『蘑菇』了，大家都喜歡幫助溫和乖順的人，沒有人願意花時間在這些不可愛的、麻煩的、困擾的、週而復始戒不掉毒的人身上……但是我總認為，每一個人的生命都是寶貴的。」

晨曦會，讓我真明白「戒毒工作」恆久堅持的核心價值是什麼。有些事，必須花上許多歲月才學得會；必須專心體會才懂得其中的意義。在晨曦會工作已三十多年的我，年深日久的重複裡，由一個不明就裡的「局外人」，在不同角度的體認、深悟後，才領會到：福音戒毒是一種「心與心的關係」，是對生命的一種成全。

正如李志偉弟兄回憶二十多年前的事說：「雖然在晨曦會戒毒期間，劉牧師跟我很少互動，但是從他生活中的一些行為以及課堂上的教導，我們都看得到、聽得明他對福音戒毒信仰教義的堅持，也因著教義的堅持，對我們弟兄的愛很深。

就如有一次，大約是晚上九點多，我們幾個弟兄聚在中途之家一邊聊天、一邊吃水果時，突然看到劉牧師出現在門口，他是剛從戒毒村回來，經過中途之家（當年牧師家位在中途之家對門）便先進來看看我們。他放下手提包，坐在藤椅上開始和我們聊天、吃水果，並問每一個弟兄的近況，談著談著，他靠在椅背上睡著了，當時口中還含著水果。我們都知道他是太累了，可是他還是在臨進家門前，先來看了我們。大家看在眼裡都很感動，也都心領神會地沒有叫醒他，便各自靜悄悄地回房去了，希望讓牧師能安安靜靜地在藤椅上睡一會。」

這就是劉牧師，一個曾經迷失過也錯過的人，當他開始全心擁有上帝所賜的新生命後，便以真摯的愛面對事奉中所有的人與事。在台灣這三十多年來，無論是可預期的、不可預期的，高興的或是措手不及的事，他都靠著主，使盡全力地破萬里浪。而這份力道，正是他的個性與氣度在主裡揉合出來的活力。

至於劉師母，外表清秀，個性率直，陪在劉牧師身旁，打理所有生活瑣事及行程，是個幫助。

聚少離多

劉牧師在台灣事奉的三十多年裡，初期因為事工需要，每年兩次前往美國、加拿大傳遞工作，亦前往泰北、緬甸、中國三次堅固當地的同工與弟兄，所以在家的時間有限，而劉師母獨自照顧女兒，守在台灣，讓劉牧師無後顧地服事。

早期劉牧師一年留在家中的時間都是一些零零星星的日子，是可以用『天』來計算。就算沒有出國人在台灣，仍會輪流到七個戒毒村勉勵弟兄、堅固同工；這一路的奔跑，完全是為了能至各國各地向吸毒者傳福音、證明神的恩道，成就從上帝而來的異象使命。直到近十年，女兒大了，劉師母便與牧師一起海外宣教，關心各國的同工與戒毒弟兄，並到教會傳講信息。

劉牧師，一直以來都是將自己的時間活在弟兄們的需要中，而劉師母陪在身旁支持著他。印象最深刻的一次是，劉牧師將近有兩個月的時間到美國，接著又飛往加拿大和澳洲兩個月的服事。有一天我和劉師母同在行政中心加班，忽然心中掠過一念，說：

「師母，妳還好吧？」

「唉，我好想牧師，我已好久、好久都沒有看到他了！」劉師母切望地說。

我還來不及回應時，電話鈴聲突然響起，「是牧師！」我立刻大叫出聲。電話接起，果然是劉牧師打來的。

他們還真是心有靈犀啊！我心想。

待師母和劉牧師談完掛了電話後，我說：「高興吧？師母！」

「可是……我還要好久、好久才能看到牧師！」

瞬間，心中一陣觸動：

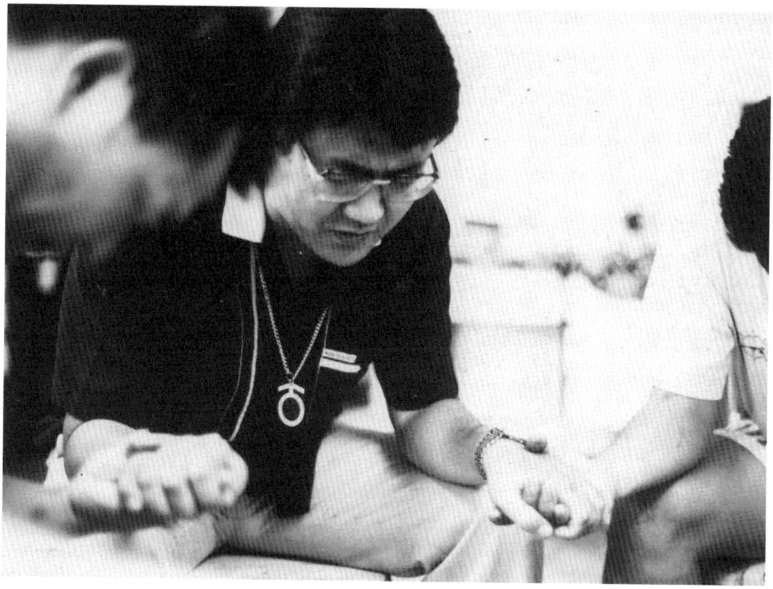

劉民和牧師為學員禱告，他向來把弟兄們的需要放在自己之前。

「師母，上帝會賜福妳的。」我立時哽咽在喉，心裡有說不出的憐惜。

因為召命，劉牧師幾乎每天都為戒毒弟兄忙碌，劉師母常說：「劉牧師是大家的。」事實也的確如此。女人的世界雖然很小、也默默無聞，卻因為願意順服上帝、成就丈夫的宣道工作，也就能安於生活中的孤單，這種合一、支持的美，事奉上付出的代價，使劉師母的生活，甜嚐主恩。

兩情相悅

事實上，對宣教士而言，面對

劉牧師夫婦與女兒景虹（中）。

完全陌生的生存環境，必須離鄉背井與親人分開，不但要有一點勇氣、一點傻勁，更要有對神的一份單純信心。劉師母就是在這樣的心情下，跟著劉牧師及江得力牧師一家五口，一起自香港來到台灣。

十九歲時，因著上帝的恩典，劉師母信了主；也因著上帝的安排，使她能夠到一所小學當老師。這所學校正好靠近陳保羅牧師牧養的美門浸信會。因為母親得了絕症住院，急切中，劉師母想到曾和青年中心的朋友去過晨曦島——在那裡有許多戒毒成功的弟兄，他們的見證非常令人感動，她便聯絡青年中心的朋友，幫忙邀請島上弟兄向母

劉牧師的全家福。

親作見證、傳福音，藉此激發母親信主的動力。在彼此的互動中，弟兄們亦邀請劉師母每天早上到美門浸信會參加早禱會，特別為母親得救禱告，自此，劉師母與陳牧師在早禱會中漸漸熟絡起來。

陳牧師在信心上堅固劉師母，使得劉師母決定在晨曦島接受浸禮，願意在美門浸信會成長並回報神的愛。兩個月後，劉牧師由美國福音戒毒所受訓七個月回香港，兩人在教會遇到、見面……彼此留下印象。

半年後的一天，陳牧師透過一位姊妹，像是試探性地問劉師母：「妳對吸過毒的弟兄，會不會排斥？」

劉師母很堅定地回應：「不會呀，

因為聖經說：若有人在基督裡，他就是新造的人，舊事已過，都變成新的了。」

事隔數週，「李麗明姊妹要介紹給劉民和認識」的話不逕傳開；這樣的話從何傳出，沒人探究，反而是牧師師母兩人每次在教會遇到時，點頭之際總是多了一份靦腆。

一個主日的早上，美門浸信會的聚會結束後，會堂裡疏散的人只剩下劉牧師和師母倆人，「他」逕自走到「她」的跟前。

「妳好。」劉牧師溫和地問候她。

「你好。」劉師母面對突然站在自己面前的人，有些羞怯地躊躇佇立著。

「你有聽到傳言嗎？」

「有。」劉師母怯怯地應著。

「其實我們的年紀也都不小了，我們一起為自己的婚姻禱告好嗎？」劉師母笑著點了點頭。

就在此刻，劉師母與劉牧師的心裡相應著一種默許，是屬於他倆的牽繫與情愫。

那時，正值一年一度的港九培靈研經大會，劉師母在戴紹曾牧師的講道中，聽到〈以西結書〉37章10節：「於是我遵命說預言，氣息就進入骸骨，骸骨便活了，並且站起來，成為極大的軍隊」。當時劉師母心裡想的不是以色列復國的事，而是在晨曦島的那一群戒毒弟兄。

她認為吸毒的人就如骸骨般極其枯乾，可是當聖靈的氣息進入他們的生命時，他們就都復活成為新造的人，成為極大的軍隊、基督的精兵。於是，劉師母肯定是上帝把Simon帶到她的生命裡，是祂排定的計畫；而她，就在那個晚上，心裡已默許，願意一生與劉牧師同步傳揚「福音戒毒」。

一九八四年九月十一日，劉牧師與劉師母攜手步入婚姻。

當劉師母的父親知道他們交往後，對劉牧師過去的吸毒背景多有顧慮，亦對他已有一個小孩表示微詞（孩子的母親已過世），不過劉師母滿懷信心地安慰劉牧師說：「不要難過，是我接納你，我相信耶穌已經改變了你。」

經過三年的交往，有一天，陳保羅牧師突然對劉牧師說：「Simon，你可以結婚了，結婚後去台灣成立福音戒毒所。」

順服的劉牧師，在與劉師母結婚後十天，便提著簡單行李與江得力牧師一家五口來到台灣。也就從那一刻開始，他們注定要獻身在台灣，用耶穌基督的福音來牧養戒毒的弟兄姊妹。

勤儉度日

來到台灣後，面對語言、生活環境的適應，劉牧師和師母都很用心地學習，而勤儉度日則是他們直至今日一貫的持守。凡是在晨曦會戒毒村住過的弟兄或同工，對於劉牧師說過的一段話，大家都耳熟能詳：

「吸毒的人過去吃喝嫖賭樣樣都來，早就吃遍、玩遍了，所以戒毒期間，一定要學習自律、學習過簡單的生活。從學習中體會什麼是真正可貴、值得珍惜的東西，以此反省自己過去浪費過什麼東西。『學習』也是生命的一種體認。」

因此，在晨曦會戒毒村裡，無論是吃的、用的，只要夠用、能用即可，至於牧師師母更是身體力行，吃的簡單、用的簡單，生活勤儉樸素。

曾經，有一屆董事長到劉牧師家商談事工時，發現劉牧師的家居過於簡陋：桌椅是村中報廢的，劉師母請弟兄們幫她釘一釘後留著繼續使用；悶熱的二樓客廳沒有冷氣；再一看浴室，只有一個水龍頭，連個蓮蓬頭都沒有。董事長立刻告訴總務同工，馬上幫「牧師館」裝冷氣、換沙發、換桌椅，而且浴室要重新裝修，不可虧待主的僕人。

可是，劉師母謝絕了董事長的好意。

「這些東西，對我們來說都不是生活上必要的，我們有衣有食就很知足了。牧師常常教導弟兄們生活要過簡單一點，那麼我們自己也當如此。其實日子愈簡單愈舒服，我們真的一點都不缺，同時也是這樣教育我們的女兒。」劉師母字字斬釘截鐵。

無論董事長顯示多少誠意，劉師母都不肯讓家裡「煥然一新」，直到最後，劉師母讓步的情形是，晨曦會正好剩下一台弟兄姊妹不用的舊冷氣，她才讓同工們裝在他們家客廳，以方便朋友來訪時待客使用（其實冷氣機從未開過，因為根本不能用）；至於浴室，只加裝了一個蓮蓬頭，除此一切依舊。

曾經有一位新進的總務同工，看見劉牧師開的車已很老舊，顧慮劉牧師平日常往返戒毒村，時常南北奔波，為了安全，便以個人的關係主動向一家慈善機構幫劉牧師申請一部名牌轎車。

劉師母知道後，連忙告訴同工，劉牧師不可能開部名車進出戒毒村，非常不實際，她很鄭重地告訴同工：「我們不會要，若是申請下來，我也不會坐上車。」最後，基金會贈送了一部國產車給晨曦會行政中心使用。

晨曦會在台成立十多年的一天，劉牧師回香港探訪陳保羅牧師，陳牧師說：「Simon，你工作得很辛苦、也很努力，我這有一只勞力士手錶，當作是獎勵你的禮物。」

劉牧師驚訝地接過手錶，心裡有說不出的感動，他謝過陳牧師後，便把手錶放進口袋。回台灣後，他將錶放進抽屜，單純地把錶視為陳牧師給他的禮物。

過了一陣子，劉師母看到放在抽屜裡的手錶，說：「這錶太貴重了，不適合我們；與其放在抽屜，還不如還給陳牧師。」

劉牧師接納了劉師母的提醒與意見，再回香港時便把錶還給陳牧師，很婉轉地告訴陳牧師他們夫妻的感激與心意。而每當劉牧師提起這件事，都很感謝上帝賜他一位心思清明的伴侶。

隨機應變

在晨曦會，突如其來的事總是層出不窮。

二十多年前的一天晚上，因為趕製晨曦會的幻燈片簡介，我與一位同工在輔導部會客室一起熬夜工作。直至凌晨一點半即將結束時，突然聽到有人按門鈴，同工去開了第一扇木門，正要開鐵門時，我透過鐵柵認出站在門外的是一位戒毒、吸毒來來回回十多年的老弟兄阿生。

「不——要——」我登時叫出了聲，一顆心怦怦直跳，可又心虛得自覺很窘。

同工趕忙停住手，睜大眼睛轉身怔著看我。

「對，不要開門，你聽莫姐的話！」阿生身上酒氣沖天，一手扶著鐵門，一手左右搖擺著，透過鐵柵往裡看。

同工似乎明白箇中因由，逕自走回我旁邊坐下。

「這麼晚，有什麼事？」我訕訕地問道，有些不好意思自己剛才的失態，可是又不能不防，畢竟他有暴力相向的記錄。

「我找牧師。」

「牧師出國了。」我冷靜地回答。

「那我找師母。」

「都這麼晚了，找師母做什麼？」

「我就是要找她，你幫我叫她出來，我要戒酒。」

我半晌無言。劉牧師家就位在輔導部對門的二樓，直到現在燈還一直亮著，我知道劉師母是為了陪我們也遲遲未睡，不久前一會兒，她還打電話來慰問。

「莫姐，妳為什麼不打電話，妳不打我可要按他們家的門鈴了！」因為怕吵到鄰居，不得已，我撥了電話。

「師母，阿生在輔導部門外，怎麼辦？」我把聲音壓到最小。

「他要做什麼？牧師又不在。」劉師母停頓了一會，問道：「你們做完了嗎？」

「正準備要回去，但是他站在門口，我們不敢出去。」

「這樣好了，我打電話幫妳們叫一部計程車，只要車一到巷口通知我，我就打電話給妳們，然後你就叫阿生上三樓來找我，把他引開後，妳們開門立刻離開。」

「那妳怎麼辦？」我有些擔心地問。

「沒關係，還好有鐵門隔著，我會跟他談一下，不開門就是了。」

我們依計而行。當我和同工跑出巷口坐上車時，同工已嚇得花容失色，一路上都心驚膽顫。送她到家後，再轉往我家，一進家門我立刻打電話給劉師母。

「師母，怎麼樣，妳還好吧？」我問道。

「我站在門內跟他談了一會兒，告訴他有什麼事明天再說，他現坐在門外的走道上。」

「師母，妳要小心一點啊！」我叮嚀著。

殺身之禍

又有一次，將近聖誕節的時候，弟兄阿良拿了兩把菜刀來向劉師母行兇。

早創時的晨曦會，戒毒弟兄是住在行政中心的五樓，姊妹則住在行政中心的對面（現在的輔導部辦公室），而一樓行政中心內的一間套房則是牧師師母的「宿舍」。當時，弟兄與姊妹的生活起居、上課都各自進行，惟獨主日晚崇拜時，弟兄姊妹會一起在行政中心的地下室聚會。

因為聚會，弟兄姊妹有了接觸的機會，弟兄阿良和姊妹阿吟互相有了好感、彼此喜歡。劉牧師知道後，特別跟他們兩人分享同在戒毒期間的利害關係，勸阻他們在戒毒期間的感情並不厚實、容易出問題，最好等到生命穩定後再談感情，但他們一意孤行、不聽勸告，一味想著要在一起，沒多久，倆人便一起離開了晨曦會。

但是為了扶持、鼓勵阿良與阿吟能在主裡一起努力、好好生活，在他們公證結婚時，劉師母與當時姊妹之家的負責同工江王鳳霞師母，仍然一起去法院為他倆作見證人。婚後，他倆好一陣、壞一陣的，問題不斷。雖然後來育有一男嬰，但孩子的出生並沒有帶給他們生活上多大的改善，也未建立他們更深的責任感，仍然喝酒、吸毒、嗑藥，生活一再失序。每當阿吟和阿良吵架時，惟一能為阿吟帶來安慰的，便是打電話回晨曦會訴苦。

一天，阿吟打電話給劉師母，哭訴說阿良又把她打得鼻青臉腫，她不想活了。劉師母勸她千萬不要做傻事，如果真的沒有辦法，就先帶小孩回娘家住幾天，雙方冷靜一下再談。

沒想到，當阿吟跟吸了毒的阿良再度吵架時，阿吟脫口而出：「我要回娘家！劉師母也勸我回娘家。」

話一出口，原本夫妻吵架的事情反把這句成為話柄，阿良認為是劉師母挑撥他們夫妻離異，在極度憤怒之下，先打了一通電話恐嚇劉師母，旋即跑到晨曦會要找劉師母算帳。

當時，正是晚崇拜的時候，所有弟兄姊妹都在行政中心地下室聚會。

阿良在外套內夾著一把刀來晨曦會，他走到地下室，眼光銳利地四處搜索。當時劉師母是靠著樓梯口的樑柱旁坐著，一眼就看見下樓來的阿良，也知道他是來找她的——奇怪的是，阿良與劉師母之間僅幾步遠的距離，他卻看不見劉師母就坐在眼前。

阿良找了一會兒，再上一樓的廚房，拿了第二把刀，逕自往劉牧師住的房門猛砍，邊砍邊叫：「劉師母！劉師母……！」

當下，木門被砍了五、六刀，其中兩刀更穿透了木頭！可是，任憑阿良怎麼轉動門把，就是打不開門，而劉牧師一歲多的女兒景虹正在房中熟睡著，並未被他的砍門聲與吼叫聲吵醒。

接著，阿良再到地下室，揮舞著手中兩把刀，喊著要找劉師母。

四十多位弟兄姊妹，都被這突如其來的事給嚇住了，每個人都大驚失色，慌了手腳。大家為了躲過阿良手中揮舞的刀，逃的逃、閃的閃，誰也顧不了誰。

整個地下室，被阿良鬧得如同翻江倒海。原本坐在阿良面前的劉師母，立刻躲到身旁的樑柱後面，阿良並沒有看見她；之後劉師母為了躲過一直到處亂竄的阿良，躲到江師母的身後，阿良還是沒有看見劉師母。

阿良再次上樓找人，同工們趕忙問劉師母是否帶著地下室音控室的鑰匙，好讓她躲在裡面；劉師母說她沒有，只有自己房門的鑰匙，同工們情急之下拿了鑰匙試試，沒有想到門竟然開了，劉師母立刻躲進去。

阿良再次拿著刀到地下室不停地揮舞時，有幾位原本就與他熟識的弟兄一邊閃，一邊勸阻道：「不要這樣，有話好說！」

弟兄們上前圍著，但也不敢靠近他身旁；酒醉又嗑藥的阿良，已完全失去理性。有一些弟兄趁機跑到一樓，打電話給遠在苗栗教會佈道的劉牧師。

二十坪大的地下室，阿良前、後、左、右的找，東、西、南、北的看，就是沒看到三次與他擦身而過的劉師母。

接著，阿良拿著刀又跑到一樓屋外，砍斷晨曦會張掛在牆上的聖誕吊飾，再進屋裡猛砍行政中心的電腦，以及放在停車場中福音車的玻璃窗。趁著這個機會，同工們護著劉師母跑去房間抱起女兒，和姊妹們一起躲到對門的姊妹之家。

在等候的二十多分鐘裡，整間黑漆漆的屋子，加上門外阿良的叫罵聲，景象的確嚇人；幸好景虹沒有被嚇哭，緊貼著母親一起跪在地上迫切禱告，靜靜地等候脫險。

經過一段時間的亂砍、叫鬧，阿良漸漸安靜下來，兩三個弟兄陪著他坐在行政中心屋後的車庫旁，慢慢勸他，有些同工擔心他跑去找汽油放火，趕忙又要劉師母帶著女兒躲到五樓弟兄宿舍避一下。

在跑到四樓時，鄰居忽然開了門，說：「劉師母，到我家來（阿良的叫罵早已驚動了左右鄰舍）。因為五樓也是你們的地方，那個弟兄會去那裡找妳，躲到我家妳會比較安全的。」

雖然鄰居報了警，但是當警察來時，弟兄們為了保護阿良，便告訴警察只是一場誤會，已經沒事了，所以警察沒有把阿良抓走。

正在同時，劉牧師由苗栗教會佈道結束，一路開車趕回來，他整個人繃得好緊，不但焦慮，更是寒透了心。

人心莫測水難量，劉牧師接到電話的剎那，心情沮喪至極，令他有種措手不及的震驚。他萬萬沒有想到阿良會做出如此失常的事情。當初阿良在香港走投無路，沒有地方願意收留他，自己想盡辦法幫他申請來台戒毒，後來因為認識了阿吟，兩人為了一時的依戀，不聽勸告雙雙半途離開，最終還是逃不出毒品的控制。縱然如此，這一路走來，自認對他們的關懷從沒減少過，為什麼現在他會突然做出這麼荒謬絕倫的事來？

唉，面對家庭問題的處理，不管是好是壞，輔導者常常會弄得兩頭不是人。此刻，劉牧師內心已分不清這是痛，還是氣！

吸毒，真會逼得人做出可怕的事。

劉牧師一路開車，一邊停下靠邊打公用電話回中心詢問狀況，知道沒有人受傷，他才放下心來。

只是，怎麼處理呢？找警察把弟兄抓起來？單單「吸毒」這一條罪行就可關他個好幾年，或是「找人」恐嚇他，讓他不敢再隨便胡來？一路反覆思量，該如何處理這棘手的事。

回到永和，劉牧師把車停在離中心還有兩條巷子的地方，從後車廂拿出一條鐵鎖，心想這是為了以防萬一；但是，有一個聲音驀地在他心裡響起：「愛的力量大過恨的力量。」劉牧師立刻放下鐵鎖，提口氣，一步併一步地隻身走回中心。

走進中心巷口，弟兄們遠遠看見他回來，立刻迎上來告訴他阿良要砍殺劉師母以及被勸回家的經過。他聽了以後，一顆緊繃的心，這才鬆了綁。

但是，一進行政中心大門，他看見辦公室的電腦、門窗、椅子、屋後九人座的福特車車窗和自己的房間大門、窗戶都被阿良砸爛，那瞬間，身子禁不住又是一陣發麻，一股無言的痛憤自心底湧起。

當劉牧師知道師母與景虹躲在鄰居家，兩人都很安全時，便決意先找阿良，問清楚事情原委。

電話打完後，阿良仍然身懷一把刀來見劉牧師。

「怎麼回事？」劉牧師問。

「師母為什麼要叫阿吟回娘家？難道她想拆散我們夫妻？」

「是誰告訴你這些話的？」

「還有誰？當然是阿吟！」

「一定要當面問清楚。我和你一起去找阿吟。」

阿良開車載劉牧師回到家。劉牧師一進門，看見被打得鼻青臉腫的阿吟，嚇了一跳，心中有股說不出的遺憾與悲憫，原本的痛憤也隨即一掃而空。

「牧師，對不起。因為我跟阿良吵架，氣憤地跟他說劉師母也叫我回娘家住的話，他就以為是師母叫我蹺家，便發狂似地去找師母。」阿吟詳細說明事情的來龍去脈。

「誤會講開就好了。」劉牧師轉頭對阿良說：「你不應該這麼衝動，而且你也誤會師母了，當初她還去法院幫你們見證結婚，怎麼會要你們離婚！」

阿良不好意思地低著頭，半晌無言，隨後又親自送劉牧師回家。躲在鄰居家的劉師母，知道劉牧師回來，立刻趕回家。

當劉師母看到劉牧師時，眼眶一紅，所有的委屈在那一刻全部傾洩，悲傷的淚水不斷淌下。

夫妻倆坐在房內的床沿，劉牧師訴說前往阿良家的過程，而劉師母也敘述阿良來砍殺她的過程。她邊說邊回想過程中種種難堪的經歷和煎熬，忍不住啜泣著對劉牧師說：「太危險了，我要搬出去住，不要住在這裡。」劉師母一邊拭淚，一邊開始整理行李。

劉牧師默默守在一旁，他知道師母的委屈，是因為這個事奉的對象，讓她們母女受到驚嚇，也確實令他束手無策，畢竟陪伴戒毒弟兄走過他們的難處，是上帝賦予他的責任。

其實，對所有可能發生的一切令人措手不及的事，他早就有了心理預備；只是一旦來臨時，心情還是很難平衡。這一刻，再多的安慰和勸解，實是多餘。

「對不起。」劉牧師懷著求諒的心，說：「我們一起禱告好不好？」

劉師母放下整理的衣物，淚濕的眼睛盯著牧師，心中開始有些不忍，因為她看出劉牧師眼裡的千言萬語。

其實她體會得到，由於服事對象的千奇百態，劉牧師必須承擔一切紛至沓來的問題；她更知道為了自己，他的心也深深地痛苦著。

禱告後，劉師母擦乾了淚，意味深長地說：「我不走了，我們是夫妻，要一起面對問題、解決問題。」

劉師母明白，惟有信靠神，才能保守生命；也惟有原諒阿良，才能使這件事情落幕。

兩天後，阿良打電話向劉師母道歉，知道自己得罪了上帝，也得罪了人。劉牧師溫和地對他說：「我們早就原諒你了，否則我不會去看你。」

至此兩個家庭冰釋前嫌，重歸於好。

再過一個星期，阿吟帶著他們的小男嬰到劉牧師家。雖然阿吟不知道該如何說明心中的歉疚，但是她會來劉牧師家，就表示她的誠意十足。當劉牧師看著阿吟的小孩與自己女兒景虹玩得嘻笑不已的天真模樣時，他深刻感受到在主裡得勝的美好。

只是，阿良的光景始終好不起來，最後決定進入台東輔導村戒毒。一年後，阿吟因為嗑藥身亡，阿良便帶著孩子回香港。回港後他的情況仍然不穩，再度在毒海中浮沉，進出戒毒所數次。

阿良在香港戒毒所戒毒期間，劉牧師曾趁回港時特意去看他。阿良從抽屜拿出一封劉師母寫給他的鼓勵信函，劉牧師讀後相當感動，上帝的話立刻在他心裡響起：「要愛你們的仇敵，為那逼迫你們的禱告。」（馬太福音5:44）

走在「福音戒毒」這條宣教路上，在信仰上劉師母也有她的堅持，除了以「福音」的本質傳揚上帝外，對傳統詩歌的熱情與傳唱，也有負擔。為了讓各戒毒村的弟兄姊妹能熟悉傳唱傳統詩歌，每兩個月環島台灣一次，到各村教唱。因為每一站的時

劉牧師與劉師母，兩人伉儷情深，一同為福音戒毒事工而努力。

間無法確定，使她經常都只能買到火車站票，可她也想出方法應對，時常帶個小板凳，凡遇到沒有座位時，便逕自拿著板凳，坐在車廂座位的最後排，看書、看雜誌，樂在其中。

記得一九九五年潤八月時，原本劉師母早已受邀與劉牧師一起前往美國傳遞事工，可是當時教會界許多紛紛擾擾的動盪，使她定意留下，堅持要與台灣同工、各村家的弟兄姊妹繫守在一起，她跟牧師說：

「我不去美國了，免得有人以為我們相信傳說，一起『逃跑』了。」

當香港家人打電話要她回香港「避一避」時，她也告訴家人：「不用怕，我相信的是神的話，不是人的話。」

義無反顧

從事福音戒毒四十多年來，劉牧師一直堅信，面對吸毒問題，除了藥物、除了科學，人世間還存在著一種治療力量，那就是主耶穌基督救贖的愛。只是，面對剛開始接觸基督信仰的戒毒者，很難一下子就讓他們明白上帝的真理（劉牧師也常說他自己當初也是如此），因此傳道者必須用「行為」幫助他們認識基督、明白基督，也必須陪他們走一段生命之路，把神的愛、神的道傾注在他們的生命裡，使主耶穌基督成為他個人的救主，這才是戒毒者生命重建的第一步。

帶領戒毒弟兄們時，劉牧師就像對待朋友一樣，抱持著極大的愛心、同理與體諒。他愛他們、安慰他們、鼓勵他們、勸勉他們，同時也照顧他們。這份愛，從他認識弟兄開始，到進戒毒村戒毒、穩定後的出路，甚而找工作、結婚，他都做最真誠的陪伴。這與一般醫療的醫生和心理的輔導者有著截然不同的態度，因為這是一種來自信仰的生命。

就如某天晚上十一點多時，苗栗村主任打電話給劉牧師，說是村中弟兄們前兩天因故起了衝突，雖已排解、安撫過，但今晚又有一些暗潮洶湧的事正在醞釀著，可能會再度發生變故，因此特別致電與劉牧師商議。

劉牧師聽了前因後果便告訴村主任處理的方式與原則，但是掛了電話後，他仍然非常掛慮。當時他才從雙溪村返家，連一晚都還沒住上，若此時離開，覺得有點對不起師母，可是心裡又放不下苗栗村的弟兄……默禱後，他還是告訴劉師母自己想進苗栗村堅固弟兄、支持同工的想法，劉師母二話不說，立刻為他打點行李，親自陪劉牧師去停車場，兩人禱告後，劉師母目送劉牧師開車離去。

凌晨兩點劉牧師到了村中，只稍睡了一會兒，早上七點便與弟兄們分享信息，用聖經〈猶大書〉20—23節勸勉弟兄、堅固同工：「親愛的弟兄啊，你們卻要在至聖的真道上造就自己，在聖靈裡禱告，保守自己常在神的愛中，仰望我們主耶穌基督的憐憫，直到永生。有些人存疑心，你們要憐憫他們；有些人你們要從火中搶出來，搭救他們……」劉牧師與大家一起吃過午餐後，便開車帶著苗栗村一位弟兄轉住到台南所，且帶另一位弟兄去台南面試找工作，然後隔天，自己再轉去台東村關懷弟兄。

曾有一次在美國，劉牧師完成三週的巡迴服事後，正要去舊金山機場搭機返台，臨時有位牧師來電，邀請劉牧師探訪一位未信主的吸毒青年，劉牧師毫不猶豫地立刻驅車前去。花了三個小時的行程，終於到達那位青年家裡，卻遭到青年人不理不睬地冷漠對待，只好匆匆趕赴機場，無功而返。

雖然如此奔波，劉牧師一點都不以為意，他說：「我為道迫切，從不忽視吸毒者靈裡的需要，並且我跑這一趟，孩子的父母會得到安慰，也相對地鼓勵他們不要放棄。我的母親就是十年堅持地為我禱告，才有今天的我。」美國負責接待同工姚鴻吉牧師來信告訴我們這件事情，說到他目睹一切經過，對他日後事奉的態度有很深的影響，我們聽了也受激勵。

劉牧師時常分享：「也許自己是過來人，特別能體會吸毒者靈裡被毒品捆綁的無助。其實，吸毒者自己也痛恨被毒品挾制，也很懊惱因為吸毒做出違背理智、常理的行為，可是當下，他就是需要毒品來安定心性，就是沒有辦法脫困，那種無奈、無知，實在是極為可憐，必須要額外長久的愛來照顧與扶持，這個過程，對事奉的人而言，是要付上極大的生命代價。」

戒毒弟兄的屬靈生命，是劉牧師一生的負擔；而他的付出，經過四十多年的耕耘，已逐漸顯現在弟兄們的生命裡。其實不單單是對戒毒者，還有許多教會弟兄、戒毒者家屬認識劉牧師後，都因他真誠的態度與之成為至交。例如林孝儒弟兄，在最痛苦的時候，是劉牧師的生命影響了他。

成為別人的祝福

林孝儒說：「若沒有寫劉牧師對我生命的影響，那他的人生就有一處是空白，不完整；因為他對神的委身，除了為戒毒者付上生命的代價，對一般弟兄姊妹他同樣全心全意。他生命的格局非常大。」

林孝儒是一九九〇年認識劉牧師的。當時林孝儒才二十多歲，在建築設計上雖非正科班，但自負有才也有一番作為。經友人介紹，請他幫助晨曦會規劃由宇宙光關懷中心發起的二次「送炭到晨曦」活動中一位拾荒老人何連基先生奉獻的苗栗三甲地，預計在這片土地上建設戒毒村，劉牧師告訴他：「希望給戒毒者一個遠離塵囂、安靜讀神話語的地方，能在主裡成為新造之人」的心願後，林孝儒立刻接下這份工作，完全不問酬勞。

前兩年的一個夏季裡，因為泰北事工的需要，劉牧師邀請林孝儒與我一同飛往泰北服事。途中，他說了一段往事：

「當初與劉牧師認識，是因為晨曦會要在苗栗蓋戒毒村，那時在工地有一些接觸，見面時也會聊聊，但戒毒村蓋好後，見面的機會就不多了，也沒有特別的交情。隔了一兩年，因為公司出了些問題，負債約七千多萬元，為了這筆債務以及公司大大小小的事，每天都焦頭爛額，幾近崩潰。

「有一天夜晚，大約十二點左右，我痛苦到想要自殺，突然想到劉牧師，我便打了一通電話給他，問他有沒有時間，他說他人在高雄有事，我跟他說我痛苦到了極致，他說明早他坐飛機回台北去宜蘭反毒宣導後來看我，我說我過不去了，我怕我會等不到明天，說完我就掛了電話。當下我有點後悔打了那通電話，因為我覺得是在為難牧師，他人在高雄，不可能來看我，而且已經是夜晚十二點多了。

「大約清晨四點多，家裡的電話突然響了，我拿起電話，是劉牧師的聲音，他說：『你還好嗎？快開門。』我問：『你在哪裡？』『我在你家樓下』。就那一刻，我人生的問題解決了。原來牧師跟弟兄借了一部老爺車，從高雄獨自開車來新竹，這超過他能力的事，就為了弟兄他都做了。我跟牧師說：『牧師，我所有的困難都過了，我所有的問題也不重要了。』牧師跟我聊了兩個多小時後，便趕回台北再去宜蘭。閒聊中他沒有問我什麼事，我也知道我的問題他不可能幫我解決，但他卻為了一個

劉牧師態度真誠、平易近人，隨時願意幫助戒毒者，做最真誠的陪伴。

弟兄這麼用『心』，所以當他要離開上車時，我跟他說：『牧師，你若要用我，隨時跟我說。我不會離開晨曦會。』直到如今，只要牧師一開口希望我去高雄關懷村中不穩定的弟兄、去花蓮看看在外工作的弟兄，或是弟兄讀神學院沒有學費……，我都二話不說，立刻行動。尤其是每當他有事來新竹時，我一定請他吃飯，並且將他開的車加滿油，好讓他繼續為主奔走。

「在屬靈上他也造就我，鼓勵我多看唐崇榮牧師的書，我就買了一整套，細細地讀完，也去神學院上課，並跟著牧師去香港、中國、緬甸果敢宣教，這一跑就是十年。前一個十年，我參與晨曦會的建設工作、行政工作，後十年我的服事是事奉，每星期三的晚上從新竹到苗栗上課，與弟兄們互動，自己也被造就。

「在牧師的身上真讓我知道：沒有死過的人，就不知道怎樣活。」

這讓我想到緬甸曼德里省的眉苗衛理公會的石執事。有一次我與耀斌和牧師同去丙伍倫成立的戒毒村服事，當時我們住在石執事的飯店裡。一天大早，石執事急促地敲我房門，說劉牧師出事了，我與耀斌立刻趕去牧師的房間，只見牧師穿著休閒短褲坐在床沿邊低著頭，我問：

「怎麼了？」

石執事說：「剛才一大清早，戒毒村主任的師母帶著兩個弟兄衝進牧師房間，一進房就掀劉牧師的被子大罵說：『還錢來』，指著牧師大罵了將近十分鐘。」

我看著石執事說：「劉牧師向來不碰晨曦會的錢，我們的財務有一定的流程，他們若有疑問可來問我。」

牧師說：「當他掀我被子時，我真的很想斥責她，但是神的話立刻在我心中響起，不要中了撒但的計，所以我忍了下來。」

正因為這件事，石執事看見牧師寬容的心，便全心投入福音戒毒事工，雖然四年後因為當地是軍人執政的佛教國家，宗教因素戒毒村受到逼迫，石執事被關入獄，但他仍然存有喜樂之心，相信神的拯救，縱然有人告訴劉牧師緬甸監獄要被放出是不容易的，但神的大能勝過一切，幾經審問與折磨，二十一天後石執事從監獄被放出來，之後舉家移居美國，他便全心投入教會事奉，因著他投入教會殷勤事奉，教會按立他為傳道，石執事便在教會事奉到安息主懷。雖然在安息禮拜時劉牧師沒能趕去，石傳道的家人告訴劉牧師：「爸爸走得很安詳，他告訴我們，他的後半生為主活得很精彩，謝謝牧師。」

永不放棄

至於一再軟弱的弟兄，劉牧師也從不放棄地扶持他們，任憑他們對劉牧師說出多麼不堪的話、做出多麼無理的事——動手要打他、在餐廳裡恐嚇他——他的態度也不會有任何改變。他常說：

「我沒有權力放棄他們，因為這是神對我的召命，而我只是執行神的命令，並不是我願意或不願意的事。」

正如有一回，劉牧師在行政中心，正坐在位子上向我交代一些事情時，突然屋外傳來一陣歌聲：「有一種愛像那夏蟲永長鳴，春蟬吐絲吐不盡；有一個聲音催促我要勇敢前行……」

「是阿齊。」我怔了一會兒，話中有些不安。

「沒關係，就讓他在外面唱。」劉牧師平靜地回答，繼續把要說的事情交代清楚。

那位弟兄一邊唱，一邊在中心外面的巷子來回走著。

望向窗外，我憶起一個多月前，他曾當街堵住我和耀斌，當時他有一點恍神，又急切地說自己精神病發了，硬要我們拿錢給他，一副狼狽的模樣；一念及此，心中不禁忐忑起來。

正想著，阿齊已走進行政中心，目光直瞪、雙臂張開，身體一個大字型地定在劉牧師和我面前。他一身的酒氣與膠味直衝入鼻，全身真是髒得可以。

原本坐在劉牧師辦公桌旁的我，看了他一眼，便慢慢地站了起來，再悄悄挪開身，離了座位以防他做出無法預防的動作。

至於劉牧師則是聞風不動地坐著，一邊看著手中的資料、一邊抬眼看他。

「你看你，怎麼吸膠吸成這麼可怕的樣子？」

阿齊站得直挺挺的，盯住劉牧師：「牧師，救救我。」

「怎麼救？」

「讓我進村，這一次我不會再跑了。」

劉牧師並沒有回應，繼續看著手中的資料，弟兄也站著不動。

過了三分鐘，一位不常見到的老弟兄也來中心，劉牧師便起身說：「走，一起去吃午餐！」

用餐後回來，劉牧師溫言勸慰阿齊：「每一次都跟你說，你已經沒有家了（阿齊的家人早已搬離舊址，躲著他），晨曦會就是你的家，好好信靠主，在這裡學習成長。可是，每一次都是住了一段時間，你就吵著要走，怎麼勸你都不肯留下，明知你出去一定死路一條，可是你仍然要走。」

「牧師，這一次一定聽你的，不走了。」

「看到你這個樣子，實在讓我痛心。唉，如果能夠，我真想代替你戒毒。進了村，不學好、要打架，離開後又孤單、無依無靠，一定非要死到谷底、抬不起頭來，才願意聽我的勸告嗎？」

事實上，阿齊進出戒毒村已有十次以上，在村中打過人也鼓鬧噪動過，帶給村裡同工極大的威脅，甚而許多教會、傳道人也都被他恐嚇、大鬧過，但是無論如何，晨曦會仍然給他機會，仍然一再伸出援手接納他，只嘆他勝不過毒品，最終還是離世。

剛來晨曦會工作時，我不明白為什麼劉牧師要不斷地給這些麻煩、挑剔、一再軟弱的弟兄這麼多次機會，為什麼不把機會留給願意遵守村中規定且急於想戒毒的人呢？

對於我的疑問，劉牧師懇切地說：

「沒有人可以決定別人的生命。我只知道，凡是進入晨曦會戒毒的弟兄，就是神給我的羊，我就應該好好的牧養。我自己也曾經敗壞過，神對我都既往不咎、拯救了我，我又怎麼可以對弟兄有所選擇？

「也許在不明白的人看來不合情理，可是主耶穌基督不也就是這樣地愛我們嗎？如果我能因著自己被神改變，而影響弟兄們來信靠神得改變，縱然過程再怎麼困難，他們再怎麼挑剔、恐嚇我，我都願意陪他們一起度過。我是心甘情願的，一切無怨。」

「你不會氣餒？」

「我吸毒時，總是一再傷害愛我的人，也只有愛我的人才會一直原諒我。天父也是如此。所以，當我事奉主時，我知道主裡的生命原則，一個被聖靈充滿的人，一定會堅決地為主而做，堅持這份事奉。當初，神竟施恩召我做戒毒工作，我定當堅持不變地盡最大力量。」

「可是，這麼多不同類型的弟兄，你怎麼應對？」

「因著神的愛，我傳福音的心志不會改變，但我牧養的內容會『因人施教』。牧養的方法是神直接啟示而來，也是神話語的教導而來，每個人都有不同的領受；所以，若與神的關係不對，再怎麼有方法，也學得不深入。如果與神的關係對了，愛弟兄的意志堅定，就不會被自己的情緒左右，更不會嫌棄弟兄髒、嫌棄他囉唆、嫌棄他詭詐、嫌棄他喜歡找漏洞，總要相信神愛他、神會改變人，所以我始終愛這群弟兄，直到主來。」

劉牧師語重心長地說：「每一次，只要一想到主耶穌擔當我們一切的過犯，成了代罪羔羊，以及祂所付出的愛與犧牲時（羅馬書5:7-8），就激勵我也要如此行。因此，幫助弟兄我不心急，總相信只要弟兄活著，就有希望。但是我也明白，絕不能放縱弟兄任其所為，神的寬恕會臨到、赦免會臨到，可是犯罪是要付上代價的。」

劉牧師的話語中，盡是坦誠。

至於面對同工之間相處的問題，他也總是一再地扶持、寬容。尤其是戒毒穩定後成為同工，又因為某些因素而軟弱、跌倒時，劉牧師為了顧全他的生命、顧慮他的家庭，更是小心謹慎、思考縝密地予以扶持。

劉牧師常說：「同工之間要分裂、要一拍兩散非常容易，但聖經的教導是彼此和睦、與人和好，所以每一次遇到同工的問題時，我都相當小心、用心、耐心地去處理。我總希望大家能在主裡一起按著神的吩咐，學習彼此接納、減少傷害；一旦發生事時，或是有謠傳時，我大多會找當事人一起問清楚，講明白，讓誤會、傷害降至最低。」

我與劉牧師同工三十多年，知道他不擅長行政治理，可是在弟兄的牧養上、扶持上，卻像是一種燃料、一燔火種，很容易把自己燃燒起來，發出光和熱，產生力量來激勵他人。在劉牧師身上，我感受到一個靈魂（又譯生命）興盛的人（約參2），是能不被環境、惡事所困，無論處在任何困境，無論日子多麼長久，他熱情依舊，愈服事神愈有活潑的力量，因為他的靈魂被救活過來，他的靈魂有生命。

至於晨曦會的事工，從起初兩戶人家來台開始工作、宇宙光的送炭活動、一位拾荒老人奉獻苗栗戒毒村的土地開始，上帝一點一滴地賜福與帶領，這一切的一切，實在是人心未曾想到，眼睛未曾看見，耳朵也未曾聽見的。在晨曦會，神的愛變成可以看到的奇異恩典。而我，誠實地記錄心所體會的、眼所看見的事實，讓上帝的大能與榮耀，更具意義地被彰顯。

2 福音戒毒的事奉

劉民和

我們若將起初確實的信心堅持到底，就在基督裡有分了。（希伯來書3:14）

一轉眼來台灣已三十多年，實在不得不讚嘆神奇妙的作為。回顧一路走來，全是生命成長的腳蹤，不但每日準確地理解聖經，真相信聖經，也在屬靈爭戰上因著考驗，思想我事奉生命的核心價值。

正因自己是戒毒過來人，明白吸毒對全人破壞的嚴重性、戒毒對全人治療的需要性，以及幫助戒毒弟兄全人康復的必須性；而在這全人康復的過程中，我更領受到與弟兄姊妹、同工之間的關係是靈命導引的生命堅持。

靈命導引的情分

在我個人傳道四十多年裡，無論是事奉神或是服事人，我都認定是神藉著我們，在這世上完成祂的心意。所以當我事奉神、傳揚神的話時，正是我與弟兄姊妹、同工建立一種關係的時候，也是在主裡體現耶穌基督復活生命力的時刻。就好比耶穌基督在世時，凡事都以自身的榜樣來訓練十二個門徒，祂和他們一起生活作息，為他們禱告、一起祈禱；為他們詳細解釋經文、教導他們天國的事；在祂治病、趕鬼及向眾人傳道的時候，把他們帶在身邊；無論任何一方面，祂都作他們的導師，而祂的一切行事為人，也都與父神的心意完全和諧一致。

在這樣密切的生活中，門徒學到的是一種生命連結的關係，他們對耶穌在世上所做的事，是因著和耶穌的個人關係而明白了祂的異象、愛心、盼望、感受和品格，也明白了神的國度。因此，耶穌在祂的門徒中，建立了一種不斷學習、不斷成長的文化。這種由耶穌所模塑的文化——靈命導引（Spiritual Mentor），是一種關係上的生命影響，這種關係自早期教會一直延續至今。

新約中我們可以找到生動的例子，例如保羅是地中海一群主要領袖的導師，最廣

劉民和牧師與陳保羅牧師在台灣戒毒所前合照。

為人知的莫過於他對學生提摩太的影響。保羅的鼓勵和教導，為提摩太日後的事工奠定了堅固的基礎。也如同陳保羅牧師在福音戒毒事工上對我的引導與教導。

陳牧師對我的教導，除了在福音戒毒事工上助我堅持信仰的深度，定義「福音戒毒」的堅持與內容，他也會用另一種方式熬煉我的品格。例如在晨曦島學習的過程裡，我覺得自己需要裝備便要求陳牧師讓我去播道神學院讀書，陳牧師認為我去裝備後會驕傲、是為自己將來謀出路，不贊成我去讀書，我跟他保證絕不耽誤島上的工作，學業完成後也一定留在島上工作。在我讀書的一年裡，陳牧師不跟我說話，縱然如此，我遵守承諾，每一次上午要去上課前把當天工作交代清楚，下課回來後我必挑水、擔糞去後山種菜、耕田。一年後突然有一天，有官員入島參訪，陳牧師跟我說：「Simon，今天你帶聚會。」當下我有說不出的高興。

當陳牧師派我到台灣工作時，有同工跟我說：「陳牧師是外放你，派江得力去是為監督你。」我不這麼想，尤其現在回頭看，陳牧師的做法是讓我學習對付自我，他認為我去讀書的動機隱藏著某種驕傲，這幫助了我來台事奉三十多年謙卑的心，更讓我在基督裡體會到捨己是為了成全自己。我跟陳牧師的關係真如父子，在台灣每個星期我會致電給牧師，問候他也告訴他我在台灣的情形，原本每月他會支持我們港幣三仟元，如果他忘了，我也不會提，這就是一種主裡的靈情。

至於海外宣教，我更是跟著陳牧師的腳蹤，因為他每次到全球各地分享福音戒毒時，都會帶著我一起去，那馬其頓的呼聲、聖靈的引導，由近而遠，從泰北開始、緬甸相繼成立福音戒毒事工，幫助當地的吸毒者；而我又發展至美國、加拿大、中國與英國。

榜樣帶領

除了耶穌帶領十二個門徒、保羅帶領提摩太，教會歷史中也一再強調門徒訓練的過程中導師與學生彼此間密切的生命關係，以及一同追求聖潔生活和靈命成熟的動力。這樣的學習，不是短期內能夠達到的，乃是一生之久的操練。門徒一旦與耶穌基督建立了親密關係，他們便能發現生命有了嶄新的品質，能夠傳達出神恆久的愛，以及對公義的彰顯，也能「跟從祂的腳蹤行」。

耶穌不僅與十二個門徒有生命的關係、與教會歷史中的聖徒有關係，也與我們、和我們身邊的一切事物都有關係。因著這一種生命連結的關係，使我們與神——聖父、聖子、聖靈——之間也有了很密切的關係，而這種關係是藉著「道」傳遞出來的，也藉著在群體生活中展現出來。群體生活一直是教會重視的（也是福音戒毒群體重視的）。我們是基督的身體，每個信徒都有自己獨特的價值，可以互相影響，這是群體生活的重要之處。因此，要達到耶穌所模塑的成熟信心，我們就必須與別人有所關連，進而一起成長、彼此分享。

基督徒的生命是基於一種關係性的學習，因此就該積極參與一個不斷學習的群體，這是培養忠心基督門徒的渠道，對於靈命導引尤有價值。世界展望會資深領袖泰德・尤斯壯（Ted Eugstrom）給靈命導引做了一個簡單的定義：「將神給你的傳給別人。」神學家保羅・史丹利（Paul Stanley）、羅伯特・克林頓（Robert Clinton）的解釋更貼切：「靈命導引是一種關係導引的過程，由懂得或有具體經驗的導師，將其所知或所經歷的（智慧的泉源、資訊、經驗、信心以及靈命狀態等等），在一個合適的時間，以適宜的態度傳授給學生，幫助他成長，使他得到教育、得著能力。」

有一次我回香港，與一位我一直扶持的阿銘一起午餐時，接到一通戒毒老弟兄的電話，無論是在香港晨曦會或是台灣晨曦會，他都戒了很多次，大大小小的狀況百出，總是戒不掉毒；而且他的破壞性、煽動性非常厲害。他約我見面，隱約感覺可能有什麼事要發生。

阿銘聽到，堅持要與我一同前往赴約，因為他曾經也「混」過黑社會的，熟悉這個弟兄的狀況，認為如果老弟兄有任何動作，他可以保護我。我告訴阿銘不要以暴制暴。到達赴約地點時，弟兄一見面就向我要錢，我拿出皮夾給他看，裡面只有幾十元港幣，無法借他，老弟兄立刻當街破口罵我，罵我假道學、沒愛心，還罵遍我全家，話中全是褻瀆的字眼。街上來往的人都以異樣的眼光看著我們。當時我沒有回應任何一句話，我知道這是撒但的陷阱，不可以口犯罪。「將人的心意奪回，使他都順服基督。」等他罵完後，我還是用神的話想要挽回他。

與弟兄分開後，阿銘問我為何一再地原諒？我說：「遇事要以化解的態度來對待，但卻不放縱罪。」其實，弟兄軟弱的因素不一而足，我雖然會很果斷地立刻處理，但是我心裡更清楚，我面對的是他們背後的撒但；我的責備是在對付惡者，而我的原諒是對著弟兄。

這並非我要做好人，乃是因為這就是我的呼召、我的事奉，我絕不能在弟兄軟弱時再雪上加霜，這樣會失掉弟兄。我寧願「做到盡、堅持到底」，帶著他們一起認罪悔改、一起倚靠神，陪他們走一段路。

我給每一位或是一再軟弱的弟兄姊妹戒毒的機會，並不是我有能力，而是我相信聖靈有能力，聖靈會動工。

晨曦會是生命事奉

晨曦會福音戒毒的同工（我都視為傳道人和學道者）對於生命關係的建立，都有

晨曦會的同工與戒毒弟兄懇切相談，真心投入福音戒毒事工。

很深的體認，因為我們對靈命導引是相當重視的，我們向來都是以弟兄姊妹的益處作為出發點和目的。例如二〇〇四年四月，我在加拿大晨曦會福音戒毒中心對同工和弟兄所做的服事，以及在各教會的佈道、見證等，再一次使我經歷福音戒毒事奉的甘甜。每天和弟兄、同工一起生活、禱告、讀經、聚會、工作、郊遊、與家屬們的互動、參與教會的佈道見證，一切過程中我學習了很多，也應用了很多、成長了很多。而這一切，確實都是建立在關係中才學習到的，否則便只是講講理論，不容易深刻。

當弟兄們在公眾場所高談闊論時，我立刻告訴他們不要太大聲，要懂得禮貌；我們在燒烤用餐時，大家會盡情地放鬆、不講髒話；弟兄們鬥嘴時，我立刻提醒糾正，告訴他們不可有指桑罵槐的心態，免得種下仇恨；工作時，有人以不好的口氣叫另一人做事時，我也立刻前去解圍，並幫著他們一起做；當各盡其職的分工產生紛爭時，我告訴他們恩賜各有不同，彼此服事才有意義；當我去各教會佈道、見證，與教會牧者相交、爭取屬靈資源、呼籲教會為我們禱告、邀請弟兄姊妹參與晨曦會的聖經教導有許多人回應時，我便立刻與同工、弟兄們分享解說福音戒毒的異象、呼召、使命以及其中的困難和價值；有奉獻回應時，我帶領同工、弟兄們感恩，且教導他們如何與義工相處、如何欣賞義工無私的投入，也告訴義工如何供應信息與見證等等，這一切我都以自身為榜樣做給弟兄們看、並且教導他們。

我是多麼渴望能夠幫助所有來過晨曦會的弟兄姊妹，都能單單信靠主耶穌基督。弟兄們在每堂聚會時，也都能觀察到我是怎樣地盡心竭力為主作見證，又是如何將見證活在生活裡，讓他們深刻體會到在基督裡的豐盛生命。

無論是同工或弟兄，每個人我都個別與他們聊天，聆聽、瞭解他們的想法，並提出聖經的教導和我的提醒。在與他們的相聚中，我深刻感受到，福音戒毒真是最美的事奉。

事奉中難免會遇到許多棘手、稀奇古怪的事，次數真是不勝枚舉。尤其是對戒毒弟兄而言，每一件事都發生得太快，常會令人應接不暇，有時甚至讓人陷入無所適從的困境中。若按我們自己肉體的想法，的確是無法、也不容易去愛那些傷害我們的人。但是感謝神，我不能、我不容易，可是主能。因為主已把祂的榜樣留下，賜下祂的愛，使我們靠著真理的靈，帶領我們進入真理，讓我們能夠因著祂的愛而傳達這份愛。所以，事奉的基本精神，就是活在神面前的覺醒（陳濟明，2002），無論是生活、工作以及品格，都是事奉神的見證。吳勇長老勉勵傳道人要「作對的人，走對的路」，這也是我時常提醒自己的話。

一個「對」的傳道人，他會活出神所吩咐的：「命令的總歸就是愛」（提摩太前書1:5），他的言語、行為是「愛心、信心和清潔的心」的品質（提摩太前書4:12），對他而言，「活在神面前」不僅是一種表現出的行為，也包括了一切私下的行動和暗地裡的心思意念：他在神面前完全沒有隱瞞，是一位能夠滿足神心意的人；他會遵行神的旨意、願意把自己交給主；願意讓事奉充滿讚美、禱告和敬拜，願意讓信仰成為他傳道生涯中最基本的規範。

正如我帶領同工或戒毒的弟兄姊妹，沒有什麼技巧，只有「誠實」地、「開誠佈公」地活在他們面前。我不說虛言，本本實實的願意對付自己，也敢於認錯，這樣的生命態度，深信聖靈自會在同工與弟兄姊妹的生命中動工，自會結出果子來。

因此，凡事奉神的人，必須走在合神心意的路上。無論生活或是工作都遵行著神的旨意，在自己的崗位上盡心竭力，完成神的託付。「所以，弟兄們，我以神的慈悲勸你們，將身體獻上，當作活祭，是聖潔的，是神所喜悅的；你們如此事奉乃是理所當然的。」（羅馬書12:1）

一位戒毒成功後回到社會工作的弟兄與我相處了兩年，有一天他對我說：

「牧師，我也想回頭堅固弟兄。」

「你放得下現在的工作？放得下富裕的生活？」

「這兩年跟著你的日子，看到你對弟兄的容忍與用心之苦，令我感動；尤其是你付出的愛與關懷更激勵我，幫助我找回起初的感動。」

「如果你只是看見、經歷我的工作，卻不曉得我內在的力量與屬靈的意義是什麼的話，當你遇到挫折、困難時，就不會信靠神，就會抱怨、就會悖逆。」

「其實這感動一直在我心裡，只是神再次透過你啟發我。」

我告訴弟兄：

「服事是神透過我做在別人的身上，假如我以為是奉主的名，卻不是從心底做，而是憑著我自己為別人做，那是『死工作』。事奉是為了見證神。」

這位弟兄聽後，禱告了一年，便放下一切去到中國宣教。

事奉的堅持

事奉的源起是神自己，強調的是祂的大能、祂的旨意，而不是一種做事的方法與計畫。因此，事奉主的人，必須是神所揀選的（不是人的揀選），且一定要有屬靈的感動、引導並聖經所教導的基本精神，不但要有正確的信仰，要在聖經上紮根、要有迫切的心傳福音、要有聖潔的品格、要全然委身、要忠於神所賜的恩賜，還要恆切禱告、堅持所信。

什麼是信仰？我的理性是神所造、是使我能明白真理的工具，當我的理性所思想的內容是真理本身的時候，不是我改變了祂，而是祂改變了我；不是我充實了祂，而是祂充實了我。結果這個引導的功能，就把我那錯誤的、迷失的理性帶回真理的本身；這個帶回就是使我所思想的能夠忠於、適合於神永遠的真理（唐崇榮，1997）。所以，「信仰」是與神一起分享生命的經驗，是神在祂自己的恩典中，使信仰成為祂給我所有禮物中最為珍貴的禮物；也正因為如此，我的信仰才會正確，愛才會正確。

> 「你從我聽的那純正話語的規模，要用在基督耶穌裡的信心和愛心，常常守著。從前所交託你的善道，你要靠著那住在我們裡面的聖靈牢牢地守著。」（提摩太後書1:13-14）

保羅在此提到「純正話語」的「規模」，就是一種標準，也有模範或榜樣的意思。保羅知道自己所教訓提摩太的是純正道理，且是一個模範。此標準可以衡量其他的道理，斷定什麼是異端，什麼是不合純正信仰標準的邪道。

雖然保羅所使用的道是純正的話語，可是如果他的學生提摩太不固守，那麼這些道對提摩太仍然毫無作用，就如同沒有聽見一般，提摩太便無法靠著聖靈住在他生命裡的信心和愛心來持守。「信心」能和我們所聽的道彼此調和，「愛心」使我們有能力遵行神的道；而「常常守著」、「牢牢守著」正表示神話語的重要性，是絕對不可失的純正信仰，這是我們事奉的最基本原則，也是我們事奉的堅持。

陳保羅牧師當初堅持以「福音」戒毒，若我不堅持固守，反而以一般的方法、用事情來成就福音，不是用福音來成就福音，就會失了真理，縱然工作做得再好也只是工作，不是事奉，不會討主喜悅。

「並且知道你是從小明白聖經，這聖經能使你因信基督耶穌，有得救的智慧。聖經都是神所默示的，於教訓、督責、使人歸正、教導人學義都是有益的，叫屬神的人得以完全，預備行各樣的善事。」（提摩太後書3:15-17）無論在任何情況下，事奉神的人都要在那塑造自己生命的聖經上下功夫，因為從神口中所出的每一個字，都有屬靈的價值。神的僕人如果熟悉許多世間的理論，卻對聖經不熟悉，不在愛心中事奉，就不能算是一個好的工人。神的僕人絕不可用任何理論代替聖經的信息，我們要在真理上深深地紮根，要在日常生活中體驗「活在神面前」的真理，在工作時，就可以活潑地應用神的話語。

「務要傳道，無論得時不得時，總要專心；並用百般的忍耐、各樣的教訓責備人，警戒人，勸勉人。」（提摩太後書4:2）傳福音必須有迫切、堅持的心，利用每一個機會傳福音，縱然有人認為有些時刻不合宜，也要適時抓住機會，以見證的方式傳神的道，且以全備的道忠心地勸勉人。

在傳福音的當下，也必須瞭解所處的時代特性，例如，現今到處充斥著後現代思潮，不相信絕對真理，強調「喜歡做什麼就做什麼」和「只要我喜歡」的思維，認為自己可以成為自己的神。這種論點聽起來好像很尊重人權，卻往往濫用了人權，絲毫與神無關，結果將神所設的婚姻，解釋成只要兩個人相愛就可以結婚，不在乎是兩男或兩女。

又譬如，因為對毒品氾濫已經沒有辦法了，就設立了「安全注射室」（讓吸毒者有吸毒的地方），以為只要不共用針頭，就可以安全而不會得愛滋病，卻沒有料到這種合法吸毒的途徑，不僅讓舊的吸毒者戒不掉、也不想戒，更會讓新的吸毒者覺得吸毒是合法的，就不需要戒毒了。這種政策導致吸毒的人越來越多，問題越來越大，例如吸毒過量致死，毒癮發作使得人偷、拐、搶、騙等無惡不作的社會問題層出不窮。

有人說，這種方法是讓吸毒者合法化，讓他們不會傷害自己和家人，藉此減輕整體傷害的治療方法，而這樣也算是戒毒成功了。殊不知這正是時代的破口，是沒有辦法中的辦法，反而製造了更多吸毒者，讓吸毒者活在黑暗裡。

事奉主的人，自始至終都要知道我們是在面對神，因而就會透過所處時代的特點，堅守福音的本質傳予人，救一切相信的人。

幫助戒毒者一定要有受苦、恆切禱告的心志。每天要陪、要守、要管、要教導、要鼓勵、要扶持、要引導、要輔導、要領導，而個人更要對付自己的軟弱和自己隱而未顯的罪，需要多禱告來面對這一切。聽起來似乎很難，可是我卻不以受這些「需要」為苦，反而深感在屬靈的使命感中，對自己所傳道的信息有絕對的信念，因著神的話、禱告，不會膽怯、灰心，甚或放棄。我深信福音一定要廣傳，一定會超過某個領域、某些國家，一定能傳至世界各地的戒毒群體中。能堅持這個信念，就是因為確信福音是神的大能，要救一切相信的人，宣教是神的心意。

完全的信靠

一般戒毒的弟兄姊妹，學歷都不很高，加上人生經歷複雜，煙毒、監獄文化的影響又過重，以致個性、脾氣、觀念、心態等，都必須經過很長的時間，才會看到改變。就算從戒毒村信主一年半後，住到中途之家、再進入社會工作、主日參與教會生活，仍會跌跌撞撞的不很穩定。吸毒的日子太長、太久，所以他們雖然信了主，但在一、兩年的時間內，許多思想、觀念、生活習慣都很難立刻改好，再加上吸毒是很容易再犯的問題，因而一不當心就容易全盤盡輸，不若一般不吸毒的人，犯了錯只要努力改過即可，過程中不會給自己或別人太過負面的印象。

縱然如此，我仍然要鼓勵每一位蒙召事奉主的戒毒過來人，雖然我們在學識上受限制、明白真理亦需要時間、個性極不容易因為聽了教導而一下子改變、生活習慣也不會一下子就改好，但我們可以比別人投入更多的努力，專心聆聽教導和引導，時刻保持高昂的鬥志。我相信這樣的態度，一定能同樣討主的喜悅。

福音戒毒的事奉，必須完全信靠神的能力，因為在人不能的，在神凡事都能。生命能持續性的改變，是根據神堅定、永不改變的神性（腓立比書1:6）。當我們體悟到神一直與罪人同在的恩典時，我們就有勇氣面對自己的真面目。吸毒的人最難面對自己內心的詭詐，很難有幾個真正成功的，就算成功了，還是會有很多瑕疵。例如我，若不是來自神所賜的能力，也會漸漸沒有精力、體力去面對這麼多麻煩的人，也有可能看多了便麻木了、放棄了，或是無動於衷了。惟有求主不斷更新我們，讓我們懂得將焦點放在基督身上，一旦對神的聖潔有更多認識，就會很自然地進行自我檢視。神的聖潔將我們的罪揭發出來，迫使我們勇於與罪爭戰，並引導我們，讓我們能實際走上戒毒成功的路。

這樣看來，福音戒毒並不是把一個壞了的東西修好，使他能再度發揮功用；而是把我們從那股敗壞的力量中釋放出來，使我們不再受它的轄制，更進一步地藉著教導我們信靠神的公義，使祂的公義之光射進我們這個破壞之人的生命裡，並透過我

劉民和牧師、師母與女兒合影。

們再照射出來，把原本破損受傷的部分留在原處，然後藉著祂的性情來克服（彼後1:4），讓我們與神的性情有分。

這種內容，與一些藉著修補自我形象、擬定規則叫人不能犯規、或是靠著環境改變人的行為，是不一樣的；事實上，神甚至要使用人那破損的部分來榮耀祂，因著對罪性的認知，我們要建立一種在聖靈裡天天更新的信靠。事奉神、服事戒毒的人，我們不必說我們會將榮耀全歸給神，因為當我們全然明白自己是死在罪惡過犯中的時候，神已得著了一切榮耀，一切都是主成就的。

然而，有人或許會誤解，以為當神的公義之光在我們身上照射出來時，是我們承認自己以前很壞，做了很多可怕的惡事，而耶穌為我們付了贖價，以致如今的自己可以改頭換面作好人了——其實並非如此，不是我們只把外面壞的那層剝掉就會發現裡面是好的，事實上，我們整個人都是敗壞的。只有當我們與主相連時，我們整個人才是「已經脫去舊人和舊人的行為，穿上了新人。這新人在知識上漸漸更新，正如造他主的形像」（歌羅西書3:9-10）。這就是為什麼我們能擁有新性情的原因——不是我們原有，而是藉著穿上基督。

正如二〇一七年得到第一屆埼璘台灣奉獻獎，對我而言，是一次生命境遇中主裡新性情的展現。

因著神的恩典，我曾被選為好人好事代表，獲和風獎之「社會風氣改善」獎、周大觀文教基金會「希望獎章」、總統文化獎之「人道獎」，這都是神得榮耀，自己沒有一點可誇口的。尤其是埼璘台灣奉獻獎，這是台灣第一屆舉辦的獎項，得獎者有三千萬的獎金。當時參選共有二百二十二個人與單位，我相信大家都是辛辛苦苦地為台灣這塊土地努力，汗水、苦樂、美與善都真心地鎔鑄在每一個工作中、每一個生命裡，都明確心證地將工作自深情與真摯中結晶出來。所以在兩百多的人選中我能得到這個獎，心中有說不出的感恩與雀躍。

堉璘基金會總幹事問我：

「這堉璘獎是你個人得的獎，你肯定要捐給晨曦會？」

「是的。」我說，「這是神的作為，這次得獎背後的意義是我所信的神是全人類的主、是信徒的主，也是非信徒的主，所以是神掌管一切。」

既是如此，怎能說我把這獎金奉獻給晨曦會？因為所有一切本就是神的。一個曾經吸毒的浪子，若不是神拯救我，我又怎麼可能得到這樣的榮譽。神賜給我是最需要的，並不是滿足我的慾望，我的最高獎賞在天上。

有人問我，事奉了四十多年，許多福音戒毒的伙伴有的變節，有的等著退休，而你仍然熱情如舊，事奉的活力高昂，這是什麼力量的驅使？我笑說，並非全是靠著自己的意志、決心走到如今，而是愈來愈明白神的呼召，愈來愈在神的話語中堅持所信的道。

亞里士多德說：「最終決定我們成為怎樣的一個人，正是日復一日的事情，然後你會發現優秀不是一種行為，而是一種習慣。」有人堅持練字，磨練了心性；有人堅持畫畫，終於有人欣賞；有人堅持學知識，靠學歷找到工作，生活不錯；每個人的堅持，最終決定了會成為怎樣的人。

我終其一生堅持福音戒毒的精義是「救靈魂」，落實福音戒毒的精神「基督的愛」，如同聖經所言：「摩西為僕人，在神的全家誠然盡忠，為要證明將來必傳說的事。但基督為兒子，治理神的家；我們若將可誇的盼望和膽量堅持到底，便是他的家了。」（希伯來書3:5-6）

參考文獻

劉民和，《福音戒毒的生命事奉》；台北：晨曦出版社，2001
吳主光，《蒙召、受訓、傳道》；香港：種籽出版社，2004
唐崇榮，《理性信仰真理》；新加坡：探索者福音機構，1997
陳濟民，《輕易坦蕩事奉主》；台北：中華福音神學院，2002
Stanley J.Grenz，《你不可不知的禱告智慧》；台北：中華福音神學院，2004

附錄

晨曦會事工史記

歲月在筆下，成為最深刻的記憶；
保留住的是心情，也是責任。

一九八四年

- 因著林治平教授的呼籲，香港晨曦會的陳保羅牧師差派劉民和夫婦與江得力一家五口，踏上台灣土地宣教。
- 負責企畫的林行健、會計李碧蓮及錢蘇桂魄、吳維傑、林小鶯、錢碧絹、申耀斌加入，成為第一批義工。

一九八五年

- 世界展望會的莊文生牧師允諾每年固定奉獻八千美金，支持晨曦會事工，長達三年之久。
- 租下台北縣永和市保福路二段二十三巷三十七號五樓房舍，名為「福音中心」。
- 第一位戒毒弟兄王銘石住進戒毒中心，後創辦基督教沐恩之家。

一九八六年

- 戒毒人數增加，劉民和決定以貸款購買永和市保福路二段二十三巷三十七號五樓，並租下同棟之一樓。劉民和夫妻與部分弟兄由五樓搬到一樓。

- 當時的法務部長馬英九先生參訪晨曦會，給予許多啟發，因而成立國家戒毒村。
- 劉民和經香港考牧團審核後，按立為牧師。

第一批義工：負責企畫的林行健（後右二）、會計李碧蓮（左四）吳維傑（左三）、錢碧絹（左一）、錢蘇桂魄（後右三）、申耀斌（後右一）、王明全（前左一）。

永和「福音中心」的招牌，戒毒事工由此開始。

馬英九先生（左一）參訪晨曦會，給予同工們許多寶貴的啟發。

禱告刊物《晨曦之光》經數次改版，內容日益豐富。

弟兄戒毒期滿的中途宿舍，充滿家庭的氣息。

「姊妹之家」內部，比起弟兄宿舍多了幾分感性。

一九八七年

・買下台北縣永和市保福路二段二十三巷三十七號一樓及地下室的房舍，成為晨曦會福音戒毒工作的固定場所。

・初期《晨曦之光》禱告信由劉李麗明師母編寫、天路編印，每集二頁，按月寄發。一九九四年改為雙月刊，增加為十六頁，由企畫部負責編撰；二〇〇五年再改版為彩色封面、內文十六頁之禱告刊物。

・從這一年開始為願意歸主名下的戒毒弟兄舉行受浸禮。

・租下台北縣永和市保福路二段二十三巷三十七號二樓，作為弟兄戒毒期滿的中途宿舍。

一九八八年

・教會何連基先生捐出位於苗栗三甲地作為興建戒毒村之用。

為戒毒弟兄舉行受浸禮，大夥都很為他們高興。

福音中心的門口。

何連基先生（左）捐出土地興建苗栗村。

・宇宙光機構為晨曦會展開「送炭到晨曦」募款活動，支援晨曦會籌款興建戒毒村。
・國際福音協傳會首年安排劉牧師赴美一個月，到華人教會見證福音戒毒事工，自此奠下美國宣教的負擔使命。

一九八九年

・戒毒穩定的弟兄，以三十七號一樓之廚房製作便當餐盒，服務各教會（此服務於一九九二年停止）。
・申請財團法人立案並組織董事會。第一屆董事會成員：吳勇長老、黃子嘉牧師、林治平教授、任秀妍律師、梁廣庫醫師、陸國棟先生、劉民和牧師，陸國棟先生為董事長。

一九九〇年

・當時的總統李登輝先生，接見被選為「好人好事」代表的劉民和牧師。
・張李瓊姿媽媽熱心奉獻五十萬元，幫助晨曦會購買台東卑南鄉土地，興建台東村使用。

- 宇宙光第二次為晨曦會籌辦募款活動，苗栗村得以動工興建。
- 晨曦會錄用非戒毒過來人負責行政工作，包括：輔導、教師、會計，運作四年後，晨曦會行政工作、戒毒輔導村兩大體系開始分層負責，且同工同行。

李登輝先生（右）接見被選為「好人好事」代表的劉牧師（左）。

因著張李瓊姿媽媽的奉獻才得以興建台東戒毒村。

苗栗村建村動土感恩禮拜。分享者為林治平教授（中）。

泰北晨曦會的戒毒中心。

劉牧師參加禁煙節舉辦的反毒見證晚會，分享自身經驗和心得。

一九九一年

- 台灣晨曦會接手扶持泰北晨曦會事工。
- 首次在六三禁煙節舉辦反毒見證晚會，向社會大眾作見證，開啟每年近百次的反毒宣導活動。
- 因為吸毒弟兄來中心欲砍殺住在一樓的劉師母，為了安全起見，將保福路三十七號二樓改為牧師館及辦公室。

一九九二年

・支持斯里蘭卡的戒毒工作，此地事工約三年後結束。

一九九三年

・晨曦會首度獲得「中華民國社會運動評審委員」之推薦與肯定，進而榮獲和風獎之

「社會風氣改善」獎的頒獎典禮，由劉牧師代表接受。

苗栗戒毒村四面環山，環境相當清幽。

苗栗村落成的感恩禮拜，包括孫越等諸位名人都前來共襄盛舉。

「社會風氣改善」獎。

・苗栗村落成。

・出版第一本福音戒毒見證集《飛越》，開啟晨曦會文字工作。

・原在一樓的姊妹戒毒之家遷至原是弟兄居住的五樓，原姊妹之家改為辦公室。

劉牧師態度謙和、認真，戒毒弟兄們很喜歡與他親近。

屏東成立輔導所一景，提供假釋受刑人一個心靈的歸屬。

戒毒輔導諮詢中心的諮詢情況。

門徒訓練中心的第一屆畢業典禮。

晨曦門徒訓練中心的培訓情況，眾人認真聽講。

一九九四年

- 與台灣更生保護會合作，於屏東成立專門接納受刑人假釋出獄後之輔導所。這是政府單位第一次與民間團體合作從事戒毒工作。
- 與中國國際商業銀行合作，成立戒毒輔導諮詢中心。

一九九六年

- 為培育基督門徒、福音戒毒工人，成立晨曦門徒訓練中心。
- 屏東輔導所之事工轉至台南。
- 興建緬甸戒毒村，輔導近三百位弟兄。五年後遭宗教逼迫，拆毀全村建築、沒收地。

台南輔導所的外觀。

泰北滿星疊福音戒毒村一景。

一九九七年

- 於泰北昔日販毒大王昆沙的販毒大本營，成立滿星疊福音戒毒村。

二〇〇〇年

- 為扶持吸毒和邊緣之青少年，於苗栗村成立「青少年學園」。於二〇一〇年轉至湖口。

二〇〇一年

・晨曦會貸款買下台北市同安街四十三坪頂樓公寓，作為「姊妹之家」。

二〇〇二年

・支持印度羅家倫晨曦會。此支持於二〇一〇年暫停。

苗栗「青少年學園」的學員們，在陽光下揮灑汗水、盡情運動。

新增租的中途之家內部一景。

印度羅家倫晨曦會的成員們合影。

・增租中途之家。

職輔中心的作業情形，共分為木雕組、汽車維修組、出版組及便當組。

二〇〇三年

・吳勇長老和孫鉞弟兄辭董事職，由莊百億長老和陳政弘醫師補上。

雙溪村一景。

・以貸款買下在辦公室隔壁的三十五號一樓作弟兄中途之家，數月後改裝潢為職輔便當組的廚房．亦因此成立職輔中心，分為木雕組、汽車維修組、出版組及便當組。

- 新租永和保福路二十三巷三十五號二樓為「弟兄中途之家」。
- 因著一位弟兄在晨曦會戒毒，其家屬將雙溪一塊地奉獻給晨曦會，成立雙溪村。此村於二〇〇六年暫停。
- 蔣先生將其位在湖口的廠房給晨曦會使用十年，因而成立湖口村。此村於二〇一〇年改為「青少年學園」。

蔣先生所提供的湖口廠房。之後進行重建，成立湖口村。

晨曦會弟兄們一同清理、整地，為湖口村而努力。

加拿大晨曦會義工團的成員與劉牧師合影。

在美國成立的「戒毒之家」，讓海外吸毒者也有新生的希望。

二〇〇四年

- 因著美國、加拿大戒毒者的需要，相繼在美國、加拿大成立晨曦會，開始「戒毒之家」事工。
- 一位旅美姊妹將其新店別墅給晨曦會使用十年，開啟新店戒毒村。

二〇〇五年

- 社會中因為吸毒而染上愛滋者遽增，故成立愛滋戒毒輔導村（簡稱愛輔村），幫助HIV感染者。
- 當劉牧師在美國傳遞事工時，一位廖姊妹深受感動，將其母親留下位在台北市忠孝東路一間房產奉獻給晨曦會，因而成立「晨曦教育推廣中心」。前後將近五年，舉

晨曦教育推廣中心舉辦的藥癮愛滋工作研討會，分享毒癮愛滋感染者的生命轉變。

愛輔村成立（亦為新店戒毒村）。

家屬團契合影，讓家屬之間能夠互相扶持。

辦了近五十場煙毒教育課程。後因事工的需要，改為牧師館，而原牧師館則改為門訓宿舍。

二〇〇六年

- 由劉牧師帶領的晨曦會教學團隊，於六月精心規劃了為期五天的「福音戒毒的生命輔導」課程至改革宗神學院授課，這是晨曦會第一次投入神學院授課，為「福音戒毒教育」奠下基礎。
- 出版台灣第一本兒童防毒繪本《終於停下來的灰毛鼠》及3D兒童防毒動畫《夜光島》DVD。
- 晨曦門訓第一次舉辦懇親會，藉此幫助同學與家人有更親密的關係，亦讓家人瞭解晨曦會扶持學生的過程以及學生讀書的成長歷程。
- 九月成立家屬團契，幫助家屬在面對孩子吸毒時，有正確的心情與態度，並讓家屬之間能夠互相扶持，以健康的心面對難處。

二〇〇七年

- 成立國際晨曦會，結合各國晨曦會事工，彼此支持、學習、協助，讓各國的同工一起體會在主裡合一的美好。二〇〇八年第一次晨曦國際會議在台灣舉行。

門訓懇親會，幫助學生與家人互相瞭解。

國際晨曦會的成立儀式，劉牧師（右四）希望各國同工能彼此幫忙、學習。

建造中的印度羅家倫戒毒村。

印度羅家倫戒毒村開幕感恩儀式，於當年十二月揭幕。

於緬甸木姐所成立的新戒毒村。

- 泰北學生中途之家成立，專門為撒母耳之家就學的孩子居住，給予一個安靜讀書的環境。
- 印度Nagaland羅家倫戒毒村再次成立，於十二月舉行開幕感恩會。

二〇〇八年

- 與更生保護會於四月合作成立「高雄更生晨曦輔導所」。

- 吸毒朋友求助已從電話諮詢模式拓展為網路詢問，而網路的便利克服國與國之間的距離，可迅速解決燃眉之急，因此成立網路戒毒事工。
- 因著事工不斷地增長，晨曦門訓的辦公室與教室轉至原職輔中心；牧師館改為宿舍，而原教育推廣中心改為牧師館。
- 亞洲創啟地區A國甲地於二〇〇五年成立後，劉牧師一年數次前往牧養，今年於A國乙地也成立新戒毒村，晨曦會有牧養、支持之責。

亞洲創啟地區A區乙地的戒毒村，圖為建設中的模樣。

與更生保護會合作成立「高雄更生晨曦輔導所」。

屏東更生晨曦輔導所，輔導需要幫助的更生人。

美國晨曦之家。

二〇〇九年

- 亞洲創啟地區A國乙地，三月正式掛上招牌「福音自願戒毒中心」，在一個不可能有宗教戒毒的國家，為主傳福音，榮耀主名。
- 七月開啟網路戒毒事工，幫助世界各地無法住進戒毒村而又期盼援助的戒毒朋友，為其找出一個重生的輔導機會。
- 八月與更生保護會屏東分會再次合作「屏東更生晨曦輔導所」，持續為戒毒更生人及一般更生人生命重建輔導及技能教育。
- 美國晨曦會於聖荷西購置中途之家，專為戒毒滿期弟兄繼續復學並能保持基督裡的團契做長遠打算。
- 加拿大晨曦會在多倫多購屋基址，成立戒毒之家。

陳保羅牧師的追思禮拜，眾人一同懷念這位晨曦會的創辦人。

在香港舉辦的「破解青少年煙毒文化」講座，劉牧師帶領晨曦會同工進行學校反毒宣導。

二〇一〇年

- 新果敢（位於緬甸聯邦之東北）福音戒毒中心於三月正式成立，是第一個進駐此地的宣教團體。
- 因著事工的發展與傳承，劉牧師於二〇〇八年邀請陳偉仁長老成為晨曦會行政管理顧問，歷經三年的教導與學習，晨曦會團隊正朝「組織更新」邁進。
- 晨曦會創辦人陳保羅牧師於九月十一日安息主懷，台灣晨曦會於十月十一日假台北基督徒永和禮拜堂舉行追思禮拜。
- 因著對福音戒毒海外宣教的負擔，劉牧師與董事蔡佩真博士、張淑媛主任，於九月至香港向中學、小學輔導老師及從事社會福利的社工員分享「破解青少年煙毒文化」的課題，同年十一月亦在香港牧職神學院舉辦為期一天的福音戒毒講座「福音如何戒毒?」，這是晨曦會第一次將煙毒教育課程推廣至海外。

二〇一一年

- 青少年吸毒問題早已呈現在家庭、學校之中，許多觀護人、法院將青少年送到本會戒治，為輔導青少年長遠計畫，決定將台東戒毒村改為青少年學園。經董事會通過，由董事簡安祥建築師規劃符合青少年居住的園區，預計兩年建設完成。
- 名為「屏東更生晨曦工作坊」的屏東技職訓練中心，於六月正式在屏東更生晨曦輔導所內運作，坊內生產的香腸與肉酥，口碑相當不錯。
- 八月網路奉獻系統正式使用，此奉獻方式，能讓更多奉獻者方便使用。
- 晨曦會第一次與啟示出版社合作發行《永不放棄的愛》十一月上架，並於十一月十九日舉辦「反毒大作戰」新書發表會，由醒報社長林意玲主持，演講者劉民和牧師及前法務部緝毒組組長冷紹屏。
- 因著藥物濫用的演變，藥物亂用的問題愈來愈嚴重，導致藥物戒癮工作也開始多元方式進行，使其原本工作的動機與基準出現迷思，六月四日本會舉辦為期一天的研討會「再思藥物戒癮工作的核心價值」，使戒癮工作者正視工作的核心意義。課程

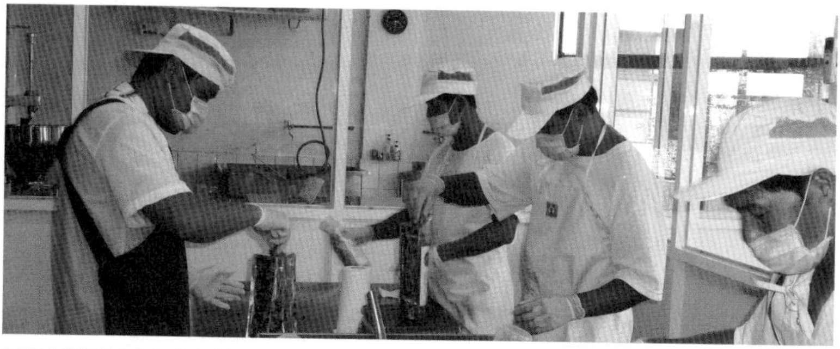

屏東技職訓練中心成立「屏東更生晨曦工作坊」。

中分別由蔡佩真博士、郭明璋牧師、張淑媛主任與徐傳昊主任分享。

- 為讓各國晨曦會的同工都能深入明白晨曦會組織更新的目的與遠景，十二月二十七、二十八兩天在台舉辦「預備・傳承」國際福音戒毒研習會，使各國福音戒毒單位瞭解此議題的重要性，海外參加者約三十人。二十八日下午舉行一次國際感恩聚會，由台灣董事長林治平教授信息分享，陳偉仁長老勉勵，與會者都受到激勵。

二〇一二年

- 與財團法人中華基督教浸信會聯會合作成立「高雄旗山嶺口戒毒輔導村」，這是第一次福音戒毒事工與教會聯會攜手合作，於二〇一二年一月九日舉辦感恩聚會。
- 原湖口戒毒輔導村因十年租約滿期，屋主不再租借，

晨曦門訓中心第十二屆、十三屆學生結業典禮。

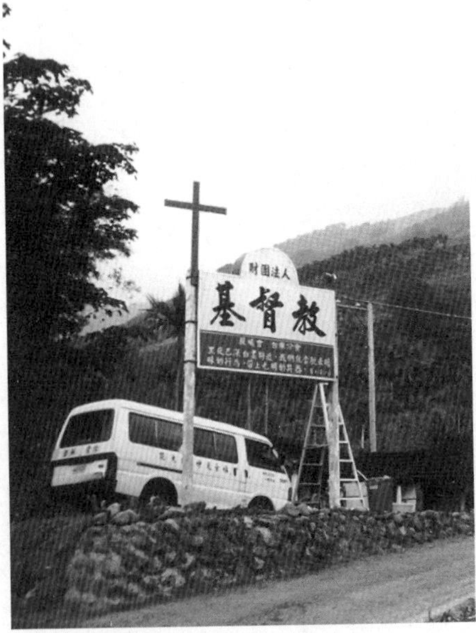

台東村原建築屋景。

此據點於二〇一二年四月結束，原收容之青少年學員遷村入住台東，正式將台東轉型成為青少年戒毒學園；並於此地規劃建蓋符合青少年接受教育、生活輔導、團體活動的環境，主體結構建設工程包括禮堂、課室、宿舍、廚房、圖書室、運動場及增購相關硬體設備。

- 二〇一二年四月經中國福州當地紅十字會准許成立「福州晨曦農場」戒毒所，場地原是一所荒廢的痲瘋病院，由已於中國從事十多年福音戒毒工作的郭獻進傳道、新加坡神學院大陸分院畢業生黃立團傳道及廣東戒毒村林顯練弟兄與台灣差派的許源芳傳道一起配搭。二〇一四年五月黃立團傳道與林顯練弟兄離開，由肖傳道與安鵬老師與許傳道同工。

- 台東青少年學園建設宿舍，二〇一二年四月十九日完成建築執照掛號。營造工程至二〇一二年底完成原建築拆遷工程、主體結構工程（一、二樓），二〇一三年則將完成泥作工程、門窗工程及室內裝潢、油漆、水電工程，於二〇一三年七月底完

在香港舉辦「抗毒文化講座—福音如何戒毒戒濫藥2」，講台為劉民和牧師（左）與莊百億長老（右）。

成立「福州晨曦農場」戒毒所。

在中國福州舉辦福音戒毒研習會。

台灣晨曦會旗山村成立。

工。

- 架設屏東更生晨曦工作坊專屬網站，並於網站中連結線上購物機制，提供更多元的消費方式，開展技訓事工宣傳，增加產品行銷機會。
- 針對海外亞洲地區舉辦多場福音戒毒訓練會和反毒講座，都受到熱烈反應及回響。六月十五日於香港舉辦「抗毒文化講座─福音如何戒毒戒濫藥2」，由劉民和牧師、陳偉仁長老、莊百億長者老為主要講員。
- 九月四至七日劉民和牧師及陳偉仁長老至中國福州培訓「防愛滋戒毒」。十二月十一至十二日，由劉民和牧師、陳偉仁長老、申耀斌牧師、莫少珍師母至中國福州舉辦福音戒毒研習會，幫助中國福音戒毒事工理念及架構更具完整。
- 為建造晨曦會可傳承之組織結構、流程，文化，並使同工們了解其重要性，由陳偉仁長老帶領成立「晨曦

劉牧師及顧問陳偉仁長老至廣東幫助漁夫生命輔導中心同工。

南區關懷輔導中心的一景。

會福音戒毒管理實務訓練班」。歷經一年的時間，訓練班成員共同擬定完成「晨曦會戒毒村生活規範」，並於各村家進行推動。

・六月二日晨曦門訓中心第十二屆、十三屆學生結業典禮，有董事長林治平教授的勉勵，並拍了一片DVD，將晨曦門訓過去結業的五十五位學生中代表性地做了一次分享見證。

二〇一三年

・二〇一二年十月由主內姐妹奉獻座落於高雄市前鎮區二聖一路十九號的房子供晨曦會無償使用，經由弟兄自力整修完畢，於二〇一三年八月正式成立「南區關懷輔導中心」。至二〇一三年十二月底面談十一位吸毒者入戒毒村接受輔導，並於十一月十六日舉辦南區戒癮者家屬關顧座談會，與會者多達二十個家庭，約

台東青少年學園建設工程完工。

計三十人。

・台東青少年學園建設工程二〇一一年開始發包執行，由本會弟兄參與施作與協助規劃，新大樓已於二〇一三年建構完工，並於十月五日進行獻堂感恩禮拜，感謝神的賜福保守，感謝弟兄姐妹的奉獻，當日台東縣縣長夫人蒞臨參加，給予高度支持與鼓勵。

・舉辦海外亞洲地區福音戒毒訓練及觀摩交流，由劉牧師及顧問陳偉仁長老針對海外亞洲地區舉辦多場福音戒毒訓練會：二月十八至二十二日泰北晨曦會同工訓練「組織發展與管理」的核心課程「以向上的生命學習服事」。三月四至十三日至廣東幫助漁夫生命輔導中心同工。四月十五至十六日為馬來西亞來台學習同工進行訓練課程：〈福音戒毒的服事〉（訓練地點：台灣晨曦門徒訓練中心）。六月二十七日至七月五日，帶領晨曦會七名同工至新加坡、馬來西亞福音機

南區三十週年感恩聚會。

於浸信會懷恩堂舉辦三十週年感恩聚會。

構做交流、觀摩活動。七月七至九日至福州培訓。九月十七至十八日至香港晨曦會，分享福音戒毒課題。

- 晨曦會福音戒毒事工於本年正式進入三十週年，為獻上感恩的心，讓更多支持我們的朋友、義工老師及家屬，能共同參與並見證上帝的榮耀，從九月至二〇一四年九月，規劃年度系列性的活動。二〇一三年進行活動為：（一）九月二十八日南區三十週年感恩聚會。（二）南區義工老師感恩會。（三）南區戒毒者家屬關懷聚會。

二〇一四年

- 為提升本會奉獻系統運作功能及資料保存，自一月起更新本會奉獻系統。
- 經董事會通過，於高雄購屋成立「美濃戒毒輔導村」，於二月二十日開始運作戒毒事工。

柯志明教授為同工進行有系統的神學真理教育訓練。

於高雄購屋成立「美濃戒毒輔導村」。

・晨曦會三十週年感恩系列活動：因應本會成立三十週年，規劃整年度系列活動：（一）三月二十二日假永和天恩堂舉辦「北區戒毒者家屬關懷聚會」。（二）四月七日假永和行政中心地下室舉辦「北區義工老師感恩會」。（三）六月二十五日假台北花園酒店舉辦「毒品的「毒」走向」福音戒毒論壇，唐崇榮牧師特別與會。（四）九月十九日舉辦國際晨曦會會議。（五）九月二十日假浸信會懷恩堂舉辦「三十年感恩聚會一神的榮耀，神的恩典在晨曦」。

・四月八日於台北衛理堂與宇宙光全人關懷機構合辦一場復活節見證會「走出黑暗，再見晨曦」，由宇宙光愛心合唱團合奏「不朽的大愛傳奇——十架七言清唱劇」，並呈現晨曦會死裡復活的戒毒見證。

・為增進同工及其家庭同心服事動力及生命成長，於三月二十七至二十八日假宜蘭礁溪大衛之星舉辦一區的

晨曦門訓中心第十四屆、十五屆學生結業典禮。

同工夫妻團契；五月二十至二十一日假天主教真福山社福文教中心舉辦二區的同工夫妻團契。期盼透過團契之進行，幫助夫妻一同認識宣教的目標及建構夫妻一同看重晨曦會事奉的機制。

- 持續組織更新同工訓練及靈命建造培訓：（一）規劃兩次同工訓練會，主題為「聖經・聖靈・聖徒」；一月二日—三日邀請溫以壯牧師作第一次的同工訓練會。（二）邀請AIT美國福音機構為同工進行歸正改革宗神學課程，於三月六至七日邀請蔡蓓老師至行政中心講授。（三）二〇一二年起柯志明教授即以主題性的聖經為同工進行有系統的神學真理教育訓練。以「羅馬書」為深度研經內容，分別於二月二十四日、八月二十五日進行全天六小時的第二次講授。（四）每月一次陳偉仁長老的組織更新訓練。
- 晨曦門訓中心第十四屆、十五屆學生結業典禮。

成立門訓校友會大合照。

按立傳道暨差派禮（圖為林榮敲傳道）。

二〇一五年

- 為務實區長在組織中職責與運作，台一、二區區長，長住村一年（苗栗，屏東）在實務運作中擬定區長與村主任之間的權責區分與團隊事奉。
- 創啟地區二開展門徒訓練事工，期盼於二〇一六年針對場地、師資、課程內容各方面，有更完善的規劃。初期由台灣晨曦門訓中心主任申耀斌牧師前往協助與授課，並調派自浸信會神學院畢業多年的同工陳彥宏傳道前往負責。
- 出版《福音戒毒深度與實際》，並於九月十日、九月二十四日分別在台北、高雄舉辦兩場相關議題之研討會。
- 按立二位牧師：邱鍵民、張建智，四位傳道：許源芳、簡昭仁、林榮敲、李志偉。
- 為凝聚門訓歷屆結業同學的團契，成立門訓校友會。

開辦專收非更生人藥癮者據點，苗票戒毒輔導二村。

第二屆傳善獎頒獎典禮，圖中右一為劉牧師。

二〇一六年

- 晨曦會榮獲震旦集團陳永泰公益信託基金會第二屆「傳善獎」，獎助三年一千兩百萬，開展本會職門訓計畫。
- 出版新書《絕望中的守望：藥癮者家屬關顧》，並於六月福華人力資源中心舉辦「絕望中的守望」藥癮家屬關顧研討會。
- 家屬團契搬遷至新聚會地點「拿撒勒人會信德堂」舉辦。
- 因更生人與非更生人據點及服務人數失衡及同工的不足，為幫助非更生人戒癮者掌握黃金搶救期，停止與更生保護會合作的高雄大寮所與基隆向上學苑，另以自籌金購置位於苗栗之合適處所，開辦專收非更生人背景的藥癮者據點「苗票戒毒輔導二村」。
- 晨曦門訓校友會開始每年定期聚會及支持門訓在學學生有生活需求及學習優異者（每年兩位，每位五千

第一屆「埼璘台灣奉獻獎」頒獎典禮。

《絕望中的守望》藥癮家屬關顧研討會講師群。

元）。

- 十一月台北舉辦「再思・藥物戒癮工作的成效」研討會，十二月在高雄舉辦。
- 參與台北國際光電週「點亮真愛公益活動」；感謝簡玉美姊妹的無私付出及呼籲。

二〇一七年

- 姊妹之家搬遷至陳炳金牧師位於苗栗三義舊厝翻修之三合院，不但讓晨曦姊妹之家有優質生活環境，也完成陳炳金牧師及其父親心願（炳金牧師二〇一九年一月二十五日安息主懷），讓祖厝為主所用。
- 舉辦南北兩場劉民和牧師事奉四十年——「救贖之路」感恩禮拜；並出版《阿爸！天父！我的主……》劉民和牧師事奉四十年感恩禱文小書，分送與會者。
- 四月開始，家屬團契每週三為家屬們成立查經班。

- 九月舉辦「在無可指望時，仍有指望」家屬關顧茶會。
- 晨曦會設立電子發票捐贈愛心碼6693。
- 出版藥癮者家屬關顧書籍《絕望中的守望》修訂版，配合新出版之《在無所指望時，仍有指望》見證書，幫助藥癮者家屬從理論與實務中真正看見盼望。
- 按立二位傳道：姚健民，黃鎮嚴。
- 劉民和牧師榮獲第一屆「堉璘台灣奉獻獎」，並獲頒獎金三千萬元，全數用於事工中。

劉民和牧師事奉四十年「救贖之路」感恩禮拜。

成立女性戒毒村家——姊妹之家。

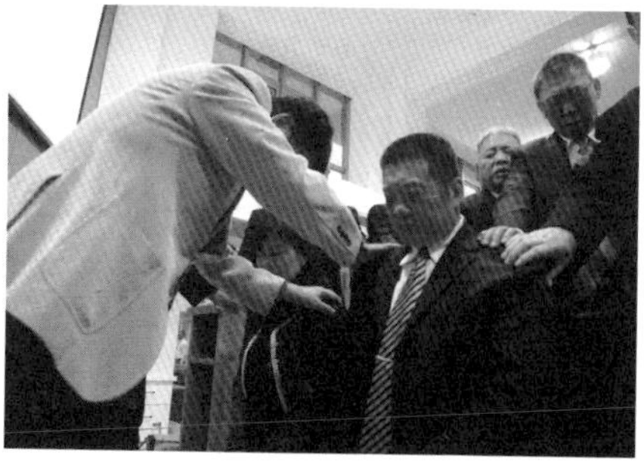
按立傳道，圖為姚健民傳道。

《在無可指望時，仍有指望》家屬關顧茶會。

亞洲區福音戒毒領袖訓練「福音戒毒模式探究」。

・考慮晨曦會戒毒村在各縣市的長遠之策，透過福音戒毒見證神的作為，正式申請改隸為全國性財團法人。

二〇一八年

・二月八至十日於信友堂教育一館舉辦為期三天的「亞洲福音戒毒領袖訓練——福音戒毒模式探究」，台灣、中國、香港福音戒毒領袖與同工，齊聚一堂有美好的交流

溫哥華姊妹之家。

亞洲區福音戒毒領袖訓練「福音戒毒意義論述」。

與分享。五月十至十二日再次舉辦兩天半「亞洲區福音戒毒領袖訓練會」，此次訓練會自海外來了近四十位領袖參加，包括台灣領袖共約七十位。

- 「職場門徒訓練中心」台南七股校區成立，於九月開學。職門訓是以有職業技能的弟兄訓練為主，原在「屏東更生晨曦工作坊」，因為事工的整合與異象宗旨，現分為：屏東職能科與台南七股事工科雙軌運作，訓練以學科兩年，實習半年。
- 為門訓長期發展，希望有一獨立空間，故於彰化芬園購置獨棟四層樓房產，成立彰化芬園福音戒毒學區。
- 十一月舉辦「福音戒毒面對社會毒品議題」座談會。
- 十二月在溫哥華開辦加拿大晨曦會姊妹之家。
- 為使行政專業化，建置輔導部與村家採用「新版個案管理系統」。
- 強化村中牧養，規劃統整村中課程，如「西敏小要理

「福音戒毒面對社會毒品議題」座談會。

成立彰化芬園福音戒毒學區。

問答」、「真理與生命」、「生活規範」、「洗禮課程」、「神蹟13問」。

- 由劉牧師親帶第三代同工分別至海外學習的「師徒制」訓練模式，為傳承做準備。
- 美國晨曦會六月搬遷至新農場，同工與學員都同感神的賜福恩典。
- 出版《福音戒毒的深度與實際》英文版及中文修訂版。
- 出版福音戒毒見證集《重生如一抹新綠》。
- 因為英國有教會弟兄姊妹需要幫助，一月份劉牧師前往英國舉行兩場教會領袖異象分享會及三場佈道會，與當地以便以謝教會同工會的支持，歷經一年的籌辦，於十二月在利物浦開辦英國晨曦會。

二〇一九年

- 與更生保護會合作開辦第一屆「照服員服務計畫」，順利幫助十一位學員取得正式「照服員」資格，成為「銀髮秘書」。

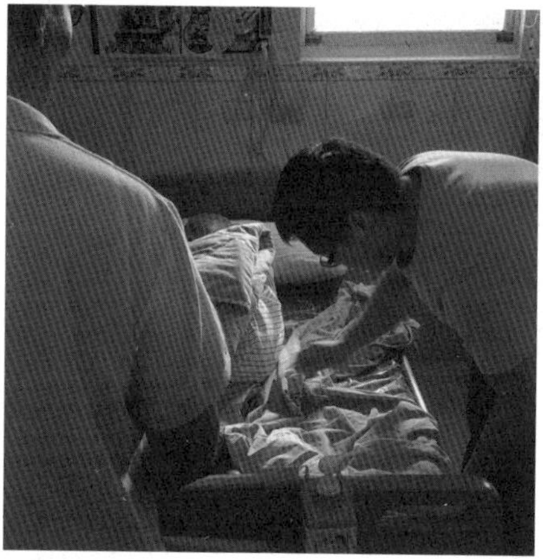

有十一位學員取得正式「照服員」資格，成為「銀髮秘書」。

外展隊與職門訓學生一同工作。

職門訓屏東職能科與事工科合併於台南七股校區。

與更生保護會合作，成立彰化田中更生輔導所。

晨曦會35周年感恩禮拜。

- 將職門訓屏東職能科與台南七股事工科合併於台南七股校區，並成立職門訓外展隊；目前有屏東晨曦香腸、肉酥工作坊及可對外正式承包專業工作案的團隊，服務項目有搬家（運）、油漆、居家防盜鐵鋁窗加工及安裝、鐵皮屋工程、居家房屋修繕泥做工程、簡易居家型水電工程等。
- 六月一日舉辦「物質成癮者復歸之路研討會」。
- 晨曦門訓中心發展為彰化芬園男性學區及新北永和女性學區。

- 與更生保護會彰化分會合作，八月開辦彰化田中更生輔導所。
- 出版劉民和牧師事奉見證《典型照顏色》，並舉辦新書發表會。
- 延續二〇一八年海外師徒帶領模式，幫助第三代同工能近距離觀摩、學習、效法劉民和牧師榜樣。
- 九月舉辦「福音戒毒領袖生命建造訓練會」，邀請亞洲地區緬甸、馬來西亞、新加坡、泰國、香港等國，共計六十五位參與。
- 九月分別在台北懷恩堂、台南虹韻文創中心舉辦晨曦會三十五周年感恩禮拜——「看神的榮耀，人的需要」。

二〇二〇年

- 一月起正式啟用「震旦雲端人資系統」，盼藉由行政E化協助本會出勤及排班管理，以提升整體服事效能。
- 七月十八日於永和禮拜堂舉辦門訓證書科第十九屆、二十屆及事工科第四屆、第五屆結業差傳典禮；同時按立兩位牧師：楊淑梅、吳芳熹，六位傳道：彭武建、許春發、白家彰、姚建設、孫煒堯、李後誠。

差傳典禮按立牧師傳道。

國際會議「為什麼要做福音戒毒」的現場。

- 劉牧師與同工群經各方面的評估與未來福音戒毒工人的事奉職責與品格之考量，於七月十八日正式公告將「晨曦門徒訓練中心、職場門徒訓練中心」合併為「晨曦福音戒毒學院」，以此提升福音戒毒傳道人的訓練。
- 因著行政同工、各村家據點的增加，劉牧師希望同工之間的團契更加契合，請同工規劃了一次「跨代同行」的環島之行，使同工之間的肢體更加相連。
- 因著華人世界福音戒毒傳道人的栽培與服事，九月二十八日至十二月底，每週一晚上七點半有一個半小時的視訊課程「福音戒毒教牧關懷」，造就全球各地福音戒毒工人。每次參加者約八十人。至此開啟ZOOM視訊課程。
- 十二月十八至十九日舉辦為期一天半的「為什麼要做福音戒毒？」國際會議，與東南亞各國福音戒毒機構一起分享。參與者一百四十一位，海外視訊者二十八

於永和禮拜堂舉辦門訓證書科第十九、二十屆及事工科第四屆、第五屆結業差傳典禮。

位。

- 原與財團法人中華基督教浸信會聯會合作的旗山嶺口村，因為該會事工的需要，十二月底結束合作，全村弟兄與同工均搬遷至台東村。
- 泰北門徒訓練中心房舍老舊，且因有泰語、華語分班制，教室、學生與老師宿舍都不夠使用，感謝弟兄姊妹奉獻，於十二月底興建完工。

二〇二一年

- 二月開始與南投市郊一家大型企業合作「中途之家」，由企業方提供就業內容，晨曦會派遣兩位同工負責管理並有七位滿期弟兄入住，白天工作，晚上一起聚會查經。此合作模式為福音戒毒首創。
- 四月中部家屬團契成立，每週二晚上幫助戒毒者家屬們在主裡得著喜樂與盼望。

職業輔導中心與企業合作，提供就業機會。

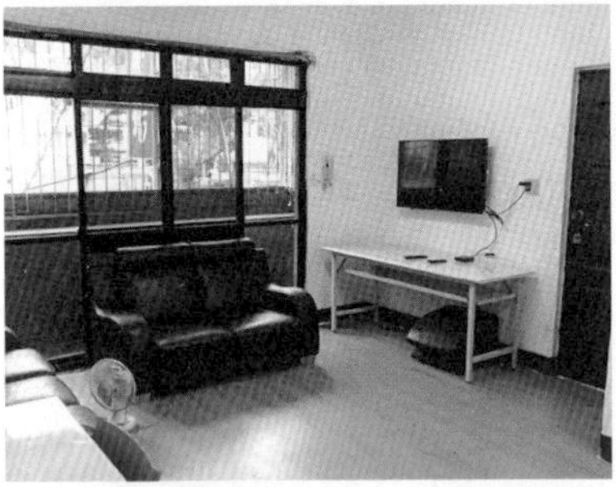

關輔中心南部辦公室。

成立新北愛輔二村。

中部家屬團契成立。

- 因應戒癮者的需要，也應老弟兄感恩願意將新北住屋給晨曦會做戒毒工作，因而成立新北愛輔二村。
- 晨曦福音戒毒學院成立二十五年，共有八十一位結業生，其中十四位在各教會牧會，七位在社會職場工作，九位在海外服事，二十八位在晨曦會服事。感謝神興起精兵為主揚起旌旗，舉辦二十五週年感恩聚會。
- 晨曦會三十七年來，總共輔導六千多位戒毒者，其中受洗人已近三年的訪查聯絡，百分之六十的成功率。

國家圖書館出版品預行編目資料

堅持：劉民和牧師的生命與事奉 / 劉民和, 莫少珍合著. -- 初版. -- 臺北市：啟示出版：英屬蓋曼群島商家庭傳媒股份有限公司城邦分公司發行, 2021.09
面； 公分. -- (智慧書系列 ; 6)

ISBN 978-986-06832-2-6 (平裝)

1.劉民和 2.基督教傳記 3.教牧學

249.887 110014463

智慧書系列006

堅持：劉民和牧師的生命與事奉

作　　者／劉民和、莫少珍
企畫選書人／彭之琬
總 編 輯／彭之琬
責任編輯／李詠璇

版　　權／黃淑敏、江欣瑜
行銷業務／周佑潔、華華、黃崇華、賴正祐
總 經 理／彭之琬
事業群總經理／黃淑貞
發 行 人／何飛鵬
法律顧問／元禾法律事務所王子文律師
出　　版／啟示出版
臺北市 104 民生東路二段 141 號 9 樓
電話：(02) 25007008　傳真：(02)25007759
E-mail:bwp.service@cite.com.tw
發　　行／英屬蓋曼群島商家庭傳媒股份有限公司城邦分公司
台北市中山區民生東路二段141號2樓
書虫客服服務專線：02-25007718；25007719
服務時間：週一至週五上午09:30-12:00；下午13:30-17:00
24小時傳真專線：02-25001990；25001991
劃撥帳號：19863813；戶名：書虫股份有限公司
讀者服務信箱：service@readingclub.com.tw
城邦讀書花園：www.cite.com.tw
香港發行所／城邦（香港）出版集團
香港灣仔駱克道193號東超商業中心1F E-mail: hkcite@biznetvigator.com
電話：(852) 25086231　傳真：(852) 25789337
馬新發行所／城邦（馬新）出版集團【Cite (M) Sdn Bhd】
41, Jalan Radin Anum, Bandar Baru Sri Petaling, 57000 Kuala Lumpur, Malaysia.
電話：(603) 90578822　傳真：(603) 90576622
Email: cite@cite.com.my

封面設計／許慕玲
排　　版／極翔企業有限公司
印　　刷／韋懋印刷事業有限公司

■ 2011 年 10 月 27 日初版
■ 2021 年 9 月 30 日三版
定價 300 元

Printed in Taiwan

城邦讀書花園
www.cite.com.tw

 ISBN 978-986-06832-2-6

啟示出版
Apocalypse Press

廣 告 回 函
北區郵政管理登記證
北臺字第000791號
郵資已付，免貼郵票

104 台北市民生東路二段141號9樓

英屬蓋曼群島商家庭傳媒股份有限公司城邦分公司 收

請沿虛線對摺，謝謝！

啟示出版
Apocalypse Press

書號： 1MD006Y　　書名：堅持：劉民和牧師的生命與事奉【全新修訂版】

請於此處用膠水黏貼

啟示出版 Apocalypse Press

讀者回函卡

線上版讀者回函卡

感謝您購買我們出版的書籍！請費心填寫此回函卡，我們將不定期寄上城邦集團最新的出版訊息。

姓名：________________________ 性別：□男 □女

生日：西元__________年__________月__________日

地址：________________________

聯絡電話：______________ 傳真：______________

E-mail ：

學歷：□ 1. 小學 □ 2. 國中 □ 3. 高中 □ 4. 大學 □ 5. 研究所以上

職業：□ 1. 學生 □ 2. 軍公教 □ 3. 服務 □ 4. 金融 □ 5. 製造 □ 6. 資訊

□ 7. 傳播 □ 8. 自由業 □ 9. 農漁牧 □ 10. 家管 □ 11. 退休

□ 12. 其他________________

您從何種方式得知本書消息？

□ 1. 書店 □ 2. 網路 □ 3. 報紙 □ 4. 雜誌 □ 5. 廣播 □ 6. 電視

□ 7. 親友推薦 □ 8. 其他________________

您通常以何種方式購書？

□ 1. 書店 □ 2. 網路 □ 3. 傳真訂購 □ 4. 郵局劃撥 □ 5. 其他______

您喜歡閱讀那些類別的書籍？

□ 1. 財經商業 □ 2. 自然科學 □ 3. 歷史 □ 4. 法律 □ 5. 文學

□ 6. 休閒旅遊 □ 7. 小說 □ 8. 人物傳記 □ 9. 生活、勵志 □ 10. 其他

對我們的建議：________________________

____

____

【為提供訂購、行銷、客戶管理或其他合於營業登記項目或章程所定業務之目的，城邦出版人集團（即英屬蓋曼群島商家庭傳媒（股）公司城邦分公司、城邦文化事業（股）公司），於本集團之營運期間及地區內，將以電郵、傳真、電話、簡訊、郵寄或其他公告方式利用您提供之資料（資料類別：C001、C002、C003、C011 等）。利用對象除本集團外，亦可能包括相關服務的協力機構。如您有依個資法第三條或其他需服務之處，得致電本公司客服中心電話 02-25007718 請求協助。相關資料如為非必要項目，不提供亦不影響您的權益。】

1.C001 辨識個人者：如消費者之姓名、地址、電話、電子郵件等資訊。

2.C002 辨識財務者：如信用卡或轉帳帳戶資訊。

3.C003 政府資料中之辨識者：如身分證字號或護照號碼（外國人）。

4.C011 個人描述：如性別、國籍、出生年月日。

請於此處用膠水黏貼